はしがき

　ここに，心をこめて，
　　　　『[融資力] トレーニングブック　決算書の見方・読み方』
をお贈りいたします。
　この本では，金融機関で働くみなさんのために，
　　　　●決算書の作り方
ではなく，融資判断の基礎となる
　　　　●決算書の見方・読み方
を徹底してやさしく説明しています。
　現在のように，借り手の経営状況，資金使途，回収可能性等を総合的に判断するなど「健全な融資慣行の確立と担保・保証に過度に依存しない融資の促進」（金融庁「中小・地域金融機関向けの総合的な監督指針」より）が金融機関に強く求められている昨今，金融業務の最前線で活躍されている方々にとって，企業の実態を把握するために，
　　　　●決算書を読む・読みこなす
ということは，もはや，絶対必須の条件です。
　ところが，実際には，決算書が複式簿記というきわめて特殊な技術によって作成されているが故に，決算書が読めるようになりたい，しかし複式簿記がわからない，したがって決算書がよく読めない，こういう方も，けっして少なくないのです。
　そこで，本書では，
　　　　●借方・貸方の知識を必要とせずに，
　　　　●決算書をどう読むか，

●決算書から，会社の問題点をどうやって見つけるか，この一点に焦点を絞って，この本を書きました。
　むずかしい理屈はいっさい抜きにして，徹底してやさしく説明しました。
　とにかく，この本を，最後まで読んでみてください。
　読み通してください。
　そうすれば，
　　●決算書を，
　　●どう読みこなすか
そのポイントを身につけていただけるはずです。

　2009年12月

税理士　酒　井　啓　二

　なお，本書は2002年11月発行の『簿記を知らなくてもわかる　決算書の見方・読み方』（辻　敢・酒井啓二共著）を，大幅に加筆訂正し改題したものです。

CONTENTS

◆第1章◆
決算書を読みこなす前に

1 決算書の種類 …………………………………………………………………14
　　◆決算書とは何か——— 14
　　◆貸借対照表と損益計算書が2本柱——— 15
　　◆決算書はいつ作成されるのか——— 15
2 貸借対照表と損益計算書の関係 ……………………………………17
　　◆貸借対照表のしくみ——— 17
　　◆資産・負債・純資産の意味合い——— 20
　　◆構成要素の細目——— 22
　　◆損益計算書のしくみ——— 23
　　◆"現在"と"自～至"——— 26
　　◆最もシンプルな決算書——— 28
　　◆損益計算書の作成——— 29
　　◆損益計算書の役割と貸借対照表とのつながり——— 32
3 甘い決算と辛い決算 ……………………………………………………33
　　◆たな卸とは——— 33
　　◆なぜ，たな卸をするのか——— 34
　　◆たな卸と決算——— 35
　　◆商品の価格——— 36
　　◆会社の判断と決算書の数字——— 37
　　◆甘い決算と辛い決算——— 38
　　◎練習問題——— 39

◆第2章◆
貸借対照表の見方・読み方

Ⅰ　資産の部を読みこなす

- ◆貸借対照表は，下からチェック——— 42
- ◆大きな数字から小さな数字へ——— 43
- ◆決算書は最低3期を比較——— 43

1 流動資産 …………………………………………………………44
  1 現金預金 ………………………………………………………44
  - ◆会社経営は，現金に始まり，現金に終わる——— 44
  - ◆時代は，キャッシュ・フロー経営——— 45
  - ◆流動資産と固定資産——— 46
  - ◆営業にまつわるものは，流動資産——— 47
  - ◆すぐには使えない固定性預金——— 48

  2 受取手形 ………………………………………………………49
  - ◆受取手形の残高は？——— 49
  - ◆割った手形のゆくえ——— 50
  - ◆割引手形は手形を担保にした借入金——— 52

  3 売掛金 …………………………………………………………53
  - ◆売掛金とは——— 53
  - ◆売掛金の回収日数とは——— 53
  - ◆回収できない売掛金を損失に計上するには——— 56
  - ◆不渡手形は，半分損に落とせる——— 58

  4 貸倒引当金 ……………………………………………………59
  - ◆貸倒引当金とは——— 59

　　　　◆貸倒引当金の意味——— 60

　　　　◆甘い決算か，辛い決算か——— 63

　5 たな卸資産 ………………………………………………………… 64

　　　　◆たな卸資産とは——— 64

　　　　◆商品の在庫日数をチェックする——— 65

　　　　◆評価損の計上は厳しい——— 67

　6 有価証券 …………………………………………………………… 68

　　　　◆有価証券の中身——— 68

　　　　◆有価証券の含み益・含み損——— 69

　7 仮払金 ……………………………………………………………… 72

　　　　◆仮払金の正体——— 72

　　　　◎練習問題——— 75

2　固定資産 …………………………………………………………… 76

　1 有形固定資産 ……………………………………………………… 76

　　　　◆有形固定資産の中身——— 76

　　❶減価償却資産

　　　　◆減価償却とは——— 77

　　　　◆減価償却の方法——— 79

　　　　◆辛目の減価償却とは——— 80

　　　　◆ゲキ辛の有税償却——— 81

　　　　◆減価償却資産の計上方法——— 82

　　❷土　地

　　　　◆土地の貸借対照表価額とは——— 83

　　　　◆土地の時価とは——— 84

　　❸建設仮勘定

　　　　◆建設仮勘定とは——— 86

◆投資期間中の金利の取扱い——— 87
2 無形固定資産 ……………………………………………………… 88
　　◆無形固定資産とは——— 88
　　◆隠れた借地権とは——— 89
3 投資その他の資産 …………………………………………………… 90
　　◆関係会社株式とは——— 90
　　◆関係会社の存在には要注意——— 91
　　◆関係会社株式の含みに注意——— 92
　　◆投資その他の資産の"その他"とは？——— 93
4 繰延資産 ……………………………………………………………… 95
　　◆繰延資産とは——— 95
　　◆繰延資産と"資産"の違い——— 97
　　◆繰延資産の償却——— 98
　　◎練習問題——— 99

II　負債の部を読みこなす

　　◆資産の調達先——— 100
　　◆株主資本比率とは——— 101
1 支払手形 ……………………………………………………………… 102
　　◆支払手形は"待った"がきかない——— 103
2 買掛金 ………………………………………………………………… 104
　　◆買掛金も債務のひとつ——— 104
　　◆買掛金と未払金——— 104
3 借入金 ………………………………………………………………… 105
　　◆1年以内の借入金は「短期借入金」——— 105
　　◆借入金依存度はどれくらい？　——— 106

4 未払法人税等 ……………………………………………………… 107
◆未払法人税等の対象となる税金とは——— 107
◆税金を納めるタイミングはいつ？——— 107

5 賞与引当金 ………………………………………………………… 108

6 長期借入金 ………………………………………………………… 116
◆長期借入金の使いみち——— 116
◆隠れた債務も忘れずに——— 117
◎練習問題——— 119

Ⅲ　純資産の部を読みこなす

◆純資産の部の中身——— 120
◆純資産の部の見方——— 120

1 資本金 ……………………………………………………………… 122
◆資本金より借入金のほうがお得？——— 122

2 資本剰余金 ………………………………………………………… 124
◆資本準備金とは——— 125

3 利益剰余金 ………………………………………………………… 126
◆利益準備金は資本金の4分の1まで——— 126
◆別途積立金の性格——— 128
◆繰越利益剰余金と当期純利益金額の関係——— 129
◆赤字会社と債務超過——— 129
◎練習問題——— 132

◆第3章◆
損益計算書の見方・読み方

Ⅰ　経常損益計算の部を読みこなす

1　営業損益計算 ……………………………………………………… 135
　❶売上高 ……………………………………………………………… 135
　　　◆売上高は，いつ計上するか——— 135
　❷売上原価 …………………………………………………………… 138
　　　◆損益計算書のながれ——— 138
　　　◆仕入と売上原価の違い——— 139
　❸販売費及び一般管理費 …………………………………………… 146
　　　◆経費の中身——— 146
　　　◆１人当たりの人件費で考える——— 148
　　　◆なぜ交際費は損に落ちないのか——— 149
　　　◆法人税法での交際費の取扱い——— 149
　　　◆未払経費の取扱い——— 150
　　　◆粗利益と営業利益——— 152
　　　◆売上総利益金額と営業利益金額のとらえ方——— 154

2　営業外損益計算 …………………………………………………… 156
　❶営業外収益 ………………………………………………………… 156
　　　◆雑収入の中身に注意——— 156
　❷営業外費用 ………………………………………………………… 157
　　　◆金融費用は営業外費用——— 157
　❸経常利益金額 ……………………………………………………… 160
　　　◆経営者が最も気にする「ケイツネ」とは——— 160

II 特別損益計算の部を読みこなす

1 特別損益計算 ……………………………………………………………… 164
　◆特別損益の中身とは──── 164
　◆営業外損益に含まれることもある──── 165

2 法人税，住民税及び事業税 ………………………………………………… 166
　◆法人税，住民税及び事業税は，利益に対してかかる──── 166
　◆法人税，住民税及び事業税と未払法人税等の関係──── 168

3 当期純利益金額 ……………………………………………………………… 170
　◆最終的な利益が，当期純利益金額──── 170
　◎練習問題──── 171

◆第4章◆
株主資本等変動計算書

---

1 株主資本等変動計算書 ……………………………………………………… 174
　◆株主資本等変動計算書とは──── 174
　◆剰余金の処分とは──── 174
　◆株主資本等変動計算書のしくみ──── 187

2 剰余金処分のながれ ………………………………………………………… 189
　◆定時総会にかかる剰余金処分の取扱い──── 189
　◆新宿商事の剰余金処分は…──── 191
　◆配当率と配当性向──── 192
　◎練習問題──── 194

◆第5章◆
キャッシュ・フロー計算書の見方・読み方

1 キャッシュ・フロー計算書とは ………………………………………… 196
　◆第4の決算書"キャッシュ・フロー計算書"——— 196
　◆キャッシュ・フローはごまかせない——— 197
　◆公開会社では，必ず作成される——— 198
　◆キャッシュ・フロー計算書におけるキャッシュとは——— 198

2 キャッシュ・フロー計算書のながれ ……………………………………… 199
　❶営業活動によるキャッシュ・フロー ……………………………… 199
　　◆営業活動によるキャッシュ・フローは，間接法——— 199
　　◆新宿商事の営業活動によるキャッシュ・フロー——— 203
　　◆営業キャッシュ・フローのとらえ方——— 203
　❷投資活動によるキャッシュ・フロー ……………………………… 204
　　◆投資活動によるキャッシュ・フローとは——— 204
　　◆新宿商事の投資活動によるキャッシュ・フロー——— 205
　　◆投資活動によるキャッシュ・フローのとらえ方——— 206
　❸財務活動によるキャッシュ・フロー ……………………………… 206
　　◆財務活動によるキャッシュ・フローとは——— 206
　　◆新宿商事の財務活動によるキャッシュ・フロー——— 207
　　◆財務活動によるキャッシュ・フローのとらえ方——— 208

3 フリー・キャッシュ・フローとは …………………………………………… 209
　◆フリー・キャッシュ・フローとは——— 209
　◆フリー・キャッシュ・フローの使いみち——— 210
　◎練習問題——— 212

目次 11

◆第6章◆
法人税との関係

1 会社決算と法人税の関係 ……………………………………… 214
　◆法人税法の利益とは——— 214

2 いわゆる「別表四」とは ……………………………………… 216
　◆「別表四」のしくみ——— 216
　◆所得金額の計算——— 218
　◆「別表四」と辛い決算——— 220
　◆所得率で比べる——— 221
　◎総合問題——— 224

おわりに——— 227
◎練習問題解答——— 228

　　　　　　　　　　　　　　　　　カバーデザイン・㈱ヴァイス

第1章

決算書を読みこなす前に

1　決算書の種類

◆決算書とは何か

　本書は，主に金融機関で仕事をしている人を対象としています。

　しかしながら，これから新社会人として仕事をされることになるフレッシャーズのみなさんや，企業をお得意さまとして活動されている若手の営業担当のみなさん，経験豊富なベテランのみなさんなど，金融機関以外で仕事をされている方々にとっても，「決算書を読む」ということは，これまでになく重要なスキルとされています。

　そこで，これまであまり決算書というものに触れたことのないみなさんにも，「決算書とは，どういうものか？」ということについて，ぜひ，興味を持っていただきたいと思います。

　そして，できれば興味をもつだけでなく，その中身についても，しっかりと理解をしていただきたいと思います。

　いまや「会計」という分野は，かつてないほどクローズアップされており，とりわけ，決算書に関する知識は，企業の社長さんや経理部門の方だけではなく，金融機関で仕事をされている方にとって，欠かすことのできないスキルとなっています。

　社長さんが自分の会社の経営状態を知るために決算書が不可欠なのはいうまでもありませんが，それと同じように，金融機関で働くみなさんにとっても，決算書に関する知識は必要です。

　本書を読んでいただくことで決算書の中身を理解し，「会社を見る目」を養い，そしてそれらの知識を自分の置かれている仕事環境においてど

のように活かせるのか，少しでもそのヒントになれば，と思います。

　それでは，まず，決算書の種類について明らかにしておきたいと思います。

◆**貸借対照表と損益計算書が2本柱**
　俗にいう決算書とは，
　　　貸借対照表（B／S）
　　　損益計算書（P／L）
　　　株主資本等変動計算書
という3つの書類をひとまとめにして，決算書といいます。
　これから，決算書という言葉を聞いたら，すぐに，この3種類を思い浮かべるようにしてください。
　なかでも，貸借対照表と損益計算書は，決算書の2本柱です。
　最近では，貸借対照表，損益計算書の2本柱に，
　　　キャッシュ・フロー計算書
を加えた3つの書類を，
　　　決算3表
と呼ぶことも多いようです。

◆**決算書はいつ作成されるのか**
　では，これらの決算書は，いったいいつ作成されるものなのでしょう。
　この答えを明らかにする前に，
　　　会社は誰のものか

ということについて，確認しておかなければなりません。

会社はいったい誰のものでしょうか。

社長さんや役員の方のものでしょうか。

それとも株主のものでしょうか。いや，従業員のものと考える方もいらっしゃるはずです。

はたして，法律上からいえば，会社は**株主**のものです。

社長さんをはじめとする役員の方は，会社のオーナーである株主から，会社経営を任された人，こういうことになります。

この場合において，社長さんなど役員は，会社を経営した結果について，少なくとも毎年1回，オーナーである株主に対して報告をしなければならないことになっています。

この報告会のことを，

定時株主総会

と，いいます。

ここで，3月決算の会社を思い浮かべてください。

この会社の定時株主総会は，早ければ決算期末から2か月以内，どんなに遅くとも3か月以内，つまり6月中には開催されます。

そして，この定時株主総会では，会社の決算を承認するかどうかが討議されることになっています。

すなわち社長さんなど役員が，自分たちが会社を経営した結果について，株主に対して報告，承認してもらうための会なのです。

この場合に作成され，報告に用いられるのが，決算書なのです。

ここでようやく答えが出てきました。

つまり，決算書はどんなに遅くとも，決算期末から3か月以内には作成される，こういうことです。

しかしながら、定時株主総会についてはさまざまな手続きを経ることが決められており、現実的には決算期末から1～2か月以内に作成されることが多いようです。

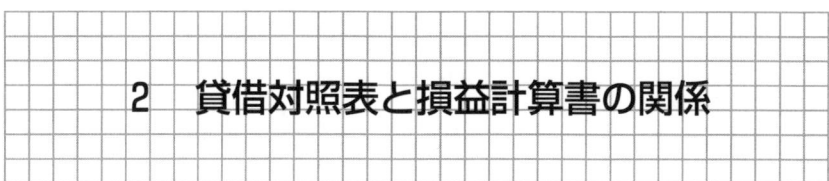

2　貸借対照表と損益計算書の関係

さきほども申し上げたように、貸借対照表と損益計算書は、決算書の2本柱です。

したがって、決算書を読みこなすためには、貸借対照表と損益計算書のしくみや役割といったものを、まず明確にしておく必要があります。

次ページに、サンプル会社の決算書を掲載してあります。

この会社は、新宿商事という架空の会社で、みなさんが決算書を読みこなすためにつくられたサンプル会社です。

したがって、この会社の決算書には、それを読みこなすためのエッセンスが豊富に盛り込まれています。

◆貸借対照表のしくみ

まず、貸借対照表のしくみについて、確認をしておきます。

貸借対照表は、

　　　資　産
　　　負　債
　　　純資産

という、3つの大きな要素によって構成されています。

I 貸借対照表

（N＋1）年3月31日現在

新宿商事株式会社　　　　　　　　　　　　　　　　　　　　　（単位：百万円）

資　産　の　部	N＋1	N	負　債　の　部	N＋1	N
I　流　動　資　産	〔394〕	〔345〕	I　流　動　負　債	〔450〕	〔306〕
現　金　預　金	90	143	支　払　手　形	156	75
受　取　手　形	38	45	買　　掛　　金	60	48
売　　掛　　金	120	60	短　期　借　入　金	210	135
商　　　　　品	150	75	未　　払　　金	14	28
有　価　証　券	1	27	未払法人税等	3	15
仮　　払　　金	2	0	賞　与　引　当　金	7	5
貸　倒　引　当　金	△7	△5			
			II　固　定　負　債	〔60〕	〔36〕
II　固　定　資　産	〔200〕	〔75〕	長　期　借　入　金	60	36
1.有形固定資産	(166)	(68)	負　債　合　計	510	342
建　　　　　物	45	15	I　株　主　資　本		
機　械　装　置	21	12			
車　輌　運　搬　具	6	5	1.資　　本　　金	(40)	(30)
器　具　備　品	8	6			
土　　　　　地	63	0	2.資　本　剰　余　金	(5)	(0)
建　設　仮　勘　定	23	30	資　本　準　備　金	5	0
2.無形固定資産	(7)	(3)	3.利　益　剰　余　金	(45)	(48)
借　　地　　権	7	3	利　益　準　備　金	6	5
3.投資その他の資産	(27)	(4)	別　途　積　立　金	3	2
投　資　有　価　証　券	12	0	繰　越　利　益　剰　余　金	36	41
関　係　会　社　株　式	10	0			
長　期　貸　付　金	5	4	II　評価・換算差額等		
III　繰　延　資　産	〔6〕	〔0〕	III　新　株　予　約　権		
開　　発　　費	6	0			
			純　資　産　合　計	90	78
資　産　合　計	600	420	負債・純資産合計	600	420
（注）割引手形	135	83			

実際の貸借対照表では，

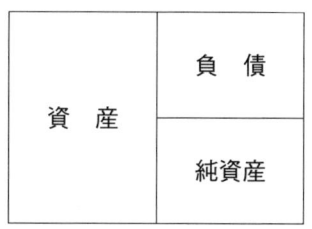

という形で配列されています。

　　　資産は，左側，
　　　負債は，右側の上段，
　　　純資産は，右側の下段，
です。

それぞれの名称と位置を，ここでしっかりと覚えておいてください。

では，実際に貸借対照表を見ていきましょう。

新宿商事の貸借対照表をご覧ください。

貸借対照表というタイトルの下には，

　　（N＋1）年3月31日現在

とあります。

ここから，この表は，（N＋1）年3月31日現在の新宿商事の資産，負債，純資産の状態を表していることがわかります。

実際に，それぞれの数字を拾い出してみましょう。

資産は，左側のいちばん下の数字です。

　　資産合計　　600百万円

負債は，右側の上段の数字，つまり，

　　負債合計　　510百万円

純資産は，右側の下段の数字，つまり，

　　純資産合計　　90百万円

貸借対照表

資産合計 600百万円	負債合計 510百万円
	純資産合計 90百万円

となっています。

ここでみなさん，何か気づかれませんか？

そうです。

資産合計＝負債合計＋純資産合計

となっていることに気づかれたと思います。

この算式は，資本等式，または，

貸借対照表等式

と呼ばれるものです。

しばしば，貸借対照表のことを，

バランスシート

と呼ぶことがありますが，この等式が成り立つからこそ，バランスシートと呼ばれるのです。

◆**資産・負債・純資産の意味合い**

ここで，貸借対照表の構成要素である，資産・負債・純資産のそれぞ

れの意味合いを確認しておきましょう。

　まず，わかりやすい貸借対照表の右側，すなわち，負債と純資産について確認しますと，貸借対照表の右側は，

　　　その会社が，どのようにお金を調達しているか

という，資金の調達源泉を表しています。

　詳しい内容は後で説明しますが，たとえば，負債の中の借入金は，銀行などからの資金調達を表し，純資産の中の資本金は，株主からの資金調達を表しています。

　調達先はさまざまですが，いずれにしても，貸借対照表の右側は，その会社がどのように資金を調達しているか，ということを表していることを覚えておいてください。

　一方，貸借対照表の左側，すなわち，資産については，会社が上記のように

　　　調達したお金をどのように運用しているか

という，資金の運用状況を表しています。

　たとえば，銀行から借入れをした場合，そのまま何も使わないのであれば，現金が増えるだけですが，たとえば，そのお金を使って本社ビルの建替えを行ったとすれば，「現金」から「建物」という有形の固定資産に運用状況が変わることになります。

　そして，この場合において，借り入れた資金をそのまま建物の取得に充てたとすると，調達としての借入金額と，運用としての建物の金額は，当然に，一致することになります。

　つまり，貸借対照表の右側と左側，すなわち，調達資金を表す負債（もしくは純資産）と，その運用状況を表す資産は，必ず一致，バランスすることになります。

資金の調達と運用は必ずバランスがとれている．さきほどの貸借対照表等式は，このことをいっているのです。

◆構成要素の細目
新宿商事の貸借対照表をご覧いただくとわかるように，資産，負債，純資産の3つの構成要素は，さらに，次のように細かく区分されています。
　すなわち，資産は，
　　　　流動資産
　　　　固定資産
　　　　<ruby>**繰延資産**<rt>くりのべ</rt></ruby>
の3つに分けられています。
　負債は，
　　　　流動負債
　　　　固定負債
の2つに分けられ，
　純資産についても，さらに3つに区分され，
　　　　株主資本
　　　　評価・換算差額等
　　　　新株予約権
となっています。
　さらに，固定資産については，
　　　　有形固定資産
　　　　無形固定資産
　　　　投資その他の資産

の3つに細区分されており，

　株主資本についても，さらに，

　　　資本金

　　　資本剰余金

　　　利益剰余金

の3つに細区分されています。

　これらの区分は，それぞれの項目の性質により，一定のルールのもとに区分されることになりますが，詳しくは後で説明します。

　まずは，貸借対照表を読みこなすために，これらの区分と名称，そして，貸借対照表上におけるそれぞれの位置を覚えてしまうことが，ポイントです。

◆**損益計算書のしくみ**

　損益計算書は，文字どおり，損益を計算するものです。

　その基本構造は，

　　　収益－費用＝利益

という算式で表すことができます。

　そして，実際の損益計算書は，収益・費用を，その性質によっていくつかに区分し，それぞれの区分において，

　　　収益－費用＝利益

の形に並び替えているのです。

　損益計算書は，上から，

　　　売上高

　　　売上原価

という，収益と費用が並び，そこから

　　　　売上総利益金額
が計算されます。
　さらにそこから，
　　　　販売費及び一般管理費
という費用を差し引き，
　　　　営業利益金額
が計算されます。
　ここまでの損益計算を，
　　　　営業損益計算
と呼んでいます。
　営業利益金額に対して，
　　　　営業外収益
という収益を加え，さらに，
　　　　営業外費用
という費用を差し引くことで，
　　　　経常利益金額
が計算されます。
　ここまでの損益計算を，さきほどの営業損益計算と合わせて，
　　　　経常損益計算
と呼び，会社の損益計算の中でも，もっとも重要な利益としてとらえています。
　経常損益計算に対して，そこから下の計算を，
　　　　特別損益計算
と呼んでいます。
　これは，毎年毎年同じように（＝経常的に）発生する損益について

は，経常損益計算のなかで計算しますが，その発生の内容もしくは金額が，臨時的であったり，特別的であったりするものについては，別枠でとらえるべき，という考え方に基づくものです。

特別損益計算においては，さきほどの経常利益金額に対して，

  特別利益

を加え，さらに，

  特別損失

を差し引き，

  税引前当期純利益金額

を計算し，ここから，この事業年度において負担すべき，

  法人税，住民税及び事業税

という費用を差し引くことで，最終的な利益である，

  当期純利益金額

が計算されます。

つまり，さきほども申し上げたように，損益計算書においては，単純に，収益 − 費用 ＝ 利益として計算するのではなく，その収益・費用をそれぞれの性質に区分し，少なくとも，

  売上総利益金額

  営業利益金額

  経常利益金額

  税引前当期純利益金額

  当期純利益金額

という5つの利益に区分して計算を行っているのです。

当然ですが，すべての収益からすべての費用を差し引いた利益が，最

後の利益である当期純利益金額と一致するのはいうまでもありません。

　では，新宿商事の損益計算書を使って，実際に確認してみましょう。
　まず，タイトルの下には，
　　　　自Ｎ年４月１日　至（Ｎ＋１）年３月31日
という期間が記載されています。
　さきほどの貸借対照表の表示とは，少し異なっていることに気づかれましたか。
　この違いについては，のちほど説明します。
　この損益計算書では，Ｎ年４月１日から（Ｎ＋１）年３月31日までの１つの事業年度における売上高などの収益や，売上原価などの費用にかかる数字が並んでいることを確認してください。
　ところで，新宿商事の損益計算書を見ると，１つの事業年度の中で数字が２列になっています。
　最初は少しとまどうかもしれませんが，原理はいたって簡単です。
　右側の数字は，左側の数字のアンダーラインが引いてあるところで合計されたものです。
　いまの段階では，とりあえず，右側の１列とそれに対応する左側の名称について，しっかり確認しておいてください。

◆ "現在" と "自〜至"
　ここで，もう一度，新宿商事の貸借対照表をご覧ください。
　タイトルのすぐ下に，日付が書かれていました。
　　　（Ｎ＋１）年３月31日現在
　このタイトルの "現在" という言葉を，覚えておいてください。

Ⅱ 損益計算書

自 N年4月1日 至（N＋1）年3月31日

新宿商事株式会社　　　　　　　　　　　　　　　　　　　　（単位：百万円）

		N.4.1～(N+1).3.31		(N-1).4.1～N.3.31	
Ⅰ	売 上 高		750		525
Ⅱ	売 上 原 価				
	期首商品たな卸高	75		60	
	当期商品仕入高	555		330	
	合　　　計	630		390	
	期末商品たな卸高	△150	480	△ 75	315
	売上総利益金額		270		210
Ⅲ	販売費及び一般管理費				
	給料・賞与・退職金	126		75	
	広 告 宣 伝 費	38		23	
	交 際 接 待 費	15		9	
	減 価 償 却 費	33		18	
	旅 費 交 通 費	18		10	
	地 代 家 賃	13		9	
	貸倒引当金繰入	2		3	
	賞与引当金繰入	3	248	3	150
	営業利益金額		22		60
Ⅳ	営業外収益				
	受取利息・配当金	9		10	
	雑 収 入	13	22	12	22
Ⅵ	営業外費用				
	支 払 利 息	39		13	
	雑 損 失	2	41	8	21
	経常利益金額		3		61
Ⅶ	特別利益				
	有価証券売却益	19	19	7	7
Ⅷ	特別損失				
	固定資産売却損	8	8	6	6
	税引前当期純利益金額		14		62
	法人税,住民税及び事業税		7		31
	当期純利益金額		7		31

次に，損益計算書をご覧ください。

こちらもやはり，タイトルの下に日付が書かれていましたが，貸借対照表のそれとは，少し異なっていました。

　　　自N年4月1日　至（N＋1）年3月31日

と，"自〜至"となっています。

いったい，この違いはなんでしょうか。

実は，「〜現在」と「自〜至」という言葉の使い分けに，貸借対照表と損益計算書の役割，そして双方の関係を解くヒントが隠されているのです。

◆**最もシンプルな決算書**

たとえば，10百万円の資金を元手に会社を設立したとします。

設立の日が1月1日であれば，その日の貸借対照表は，

1月1日現在の貸借対照表	
現　金　　10百万円	資本金　　　10百万円

となります。

2月に入り，商品を仕入れ，現金10百万円全額を払いました。

幸いなことに，その商品は15百万円で売れ，現金15百万円が会社に入ってきたとしましょう。

さて，このままの状態で，12月31日を迎えたとします。

12月31日は，会社の決算です。

決算書を作成しなければなりません。

このときの貸借対照表は，どのようになっているでしょうか。

12月31日現在の貸借対照表

現　金	15百万円	資本金	10百万円
		（　　）	5百万円

　現金15百万円があることについては，何ら問題ないと思います。

　最初に10百万円あった現金は，商品を仕入れるためにいったん支払われましたが，その商品が15百万円で売れ，現金が入ってきました。

　その後，まったく取引は行われていないわけですから，12月31日現在の現金は，15百万円ということになり，金庫の中には，当然に15百万円が残っているはずです。

　一方，貸借対照表の右側を見てください。

　資本金が10百万円あることは，すでに確認しました。

　問題は，（　）です。

　この中には，どんな言葉が入るのでしょうか？

◆損益計算書の作成

　そのカギを解くために，貸借対照表はひとまずおいて，損益計算書を作成してみましょう。

損益計算書
（自１月１日　至12月31日）

売上高	15百万円
仕入高	△10百万円
（　　）	5百万円

　損益計算書は，このようになります。

　２月に仕入れた商品が，15百万円で売れたので，損益計算書には，

売上高　　　15百万円

と計上され，その売上高に対する費用は，仕入れた金額の10百万円であるため，同じように損益計算書には，

　　　仕入高　　　10百万円

と表示されます。

　そうすると，その下の（　）には，どんな言葉が入るのでしょうか？みなさん，もうおわかりですね。

　そうです。（　）の中に入る言葉は，「利益」です。

損益計算書

（自 1 月 1 日　至12月31日）

売上高	15百万円
仕入高	△10百万円
利　益	5百万円

　損益計算書は，このようになります。

　つまり，この会社は，この 1 年間に，10百万円の商品を仕入れ，これを15百万円で販売した。

　その結果，5 百万円の利益を獲得した。

　このような営業活動があったことを，損益計算書は説明しているのです。

　さて，そうなると，貸借対照表の（　）には何が入るのか，みなさんはもうおわかりのことと思います。

　そうです。貸借対照表の（　）の中にも，「利益」が入ります。

　すなわち，

12月31日現在の貸借対照表

現　金	15百万円	資本金	10百万円
		利　益	5百万円
	15百万円		15百万円

貸借対照表は，このようになります。

つまり，貸借対照表からは，

① 12月31日現在，会社には，15百万円の現金がある。
② そのうち，10百万円は，会社を設立したときの元手である。
③ 残りの5百万円は，この1年間に商売をして，稼ぎ出したお金である。

ということがわかります。

設立時には10百万円しかなかった現金が，1年後の12月31日には15百万円になっています。

増えた5百万円は，借金をしたわけでも，元手を追加したわけでもありません。

商売をして，幸い5百万円の利益が出て，会社の財産が増えたのです。

貸借対照表の右側にある「利益5百万円」という言葉が，このことをはっきりと示しています。

もし，借金をしたのなら，「利益5百万円」の代わりに「借入金5百万円」と記載されるはずです。

このように，貸借対照表からだけでも，会社がこの1年間で，どれほどの利益を計上したか，を読み取ることができるのです。

しかし，貸借対照表からは，

① 売上げはいくらあったのか。
② コストはどれくらいかかったのか。
ということは，うかがい知ることはできません。
　その点をカバーするのが，損益計算書です。

◆損益計算書の役割と貸借対照表とのつながり
　さきほどの損益計算書を，もう一度ご覧ください。
　損益計算書は，
① 1月1日から12月31日の1年間に，会社が計上した売上高は15百万円である。
② 15百万円の売上げのコストは，10百万円である。
③ 差引きの利益は，5百万円である。
こうリポートしています。
　文字どおり，損益計算書です。
　そして，損益計算書は，貸借対照表と，利益の金額を通じて，相互に関連していることがおわかりいただけたと思います。
　最もシンプルな営業活動を例にとって，最もシンプルな貸借対照表と損益計算書を見てきました。
　シンプルですが，決算書であることには違いありません。
① 貸借対照表は，"○○現在"，とあるように，ある一定時点における財産の状況を報告するもの
② 損益計算書は，"自○○至○○"とあるように，ある一定期間の損益の状況を報告するもの
③ 双方は，利益の金額を通じて，相互に関連している
こういったことを読み取ることができるのです。

3　甘い決算と辛い決算

　ところで，みなさんは，コンビニエンス・ストアなどで，従業員の方が一所懸命に商品の在庫をチェックしているのを見たことがありませんか。

　「そういえば……」と心当たりのある方がほとんどだと思います。

　それらは，すべて，「たな卸（おろし）」をしているのです。

　では，「たな卸」とは，いったいなんでしょうか。

　なぜ，「たな卸」をするのでしょうか。

◆たな卸とは

　たな卸とは，文字どおり，棚に並んでいる商品の，

　　　　品　　種
　　　　数　　量
　　　　価　　格

などを，1つひとつ実際に調べて，次のような一覧表を作成しようとする仕事です。

　次ページの「たな卸一覧表」の日付を見てください。

　（N＋1）年3月31日となっています。

　つまり，この一覧表は，（N＋1）年3月31日に，どのような商品が，どのくらいの数量あって，その結果，どのくらいの金額が残っているのか，を調べたものです。

<u>たな卸一覧表</u>

たな卸実施日　(N+1)年3月31日

	数　　量	単　　価	合　　計
A	1,000個	500円	500,000円
B	1,500	200	300,000
C	500	400	200,000
合計	3,000個		1,000,000円

◆ **なぜ，たな卸をするのか**

　それでは，なぜ，たな卸をするのでしょうか？

　その答えは，2つあります。

　まず，「商品をしっかり管理するため」というのが，その1つです。

　商売をする以上，品揃えには細心の注意を配らなければなりません。

　顧客の欲しい商品が，たまたま在庫切れ，というのでは，商売人として恥ずかしい話であり，また，もったいない話でもあります。

　かといって，常に，大量の商品を店先に並べておくわけにもいきません。

　スペースには限りがあるからです。

　顧客のニーズとにらみ合わせながら，

　　　どのような商品を，

　　　どのくらい並べておけばよいか，

ということを，常日頃から，キャッチしておかなければなりません。

　そこで，たな卸をするのです。

◆たな卸と決算

　そして，たな卸のもう1つの目的は，決算書を作成するための資料づくり，という役割です。

　たな卸一覧表を，もう一度ご覧ください。

　通常，たな卸一覧表は，決算期に作成されます。

　したがって，先ほど確認したとおり，日付は，（N＋1）年3月31日となっていますので，この日が，この会社の決算期にあたります。

　ここで，この会社の貸借対照表を見てみましょう。

3月31日現在の貸借対照表

現金預金	………	支払手形	………
受取手形	………	買掛金	………
売掛金	………		
商　品	1百万円		

　貸借対照表の読み方については，のちほど，じっくりと説明していきます。

　ここでは，とりあえず，たな卸と決算との関係について注目していただければ結構です。

　さて，たな卸一覧表の合計金額は，1百万円となっています。

　次に，貸借対照表を見てください。

　資産の中に，「商品」という科目が，たな卸一覧表の合計金額と同じ1百万円で記載されていることに注目してください。

　つまり，この，

　「商品　1百万円」

という数字は，たな卸の結果，算出されたものなのです。

3月31日に，たな卸をして，在庫の確認をしたからこそ，貸借対照表をつくることができたわけです。

◆**商品の価格**
　ところで，商品の合計金額の1百万円というのは，売値でしょうか，それとも，仕入価格でしょうか？
　答えは，もちろん，仕入価格です。
　たとえば，A商品の単価500円，というのは，仕入先から買った値段です。
　このA商品の売価を700円，とします。
　すなわち，この商品は，顧客の手に渡されて，はじめて700円で売れたことになるのです。
　したがって，店先に並んでいるうちは，あくまで500円，つまり仕入価格で把握します。
　たな卸一覧表の合計金額および貸借対照表に記載されている商品の金額は，いずれも仕入価格を集計したもの，ということになります。
　ここで，みなさんに考えていただきたいと思います。
　決算にあたり，3月31日にたな卸をしていたところ，たまたまC商品の一部に大きなキズが判明した，とします。
　仕入れの際にはなにも問題なかったC商品ですが，たな卸をして，はじめてキズがあることが発見されたのです。
　今さら，仕入先に返品するわけにもいきません。
　かといって，捨て去るにはしのびません。
　大幅な値引きをして，売ってしまうしかありません。
　C商品の仕入単価は400円。

どう査定しても，売れる値段は200円ぐらいでしょう。

こういう事態に遭遇した，とします。

このような場合，会社としては，どのようなたな卸一覧表を作成すればよいのでしょうか。

みなさんなら，この事態をどう考えますか。

この場合，会社のとるべき道は，いろいろ考えられます。

Ｃ商品以外の商品は，すべて異常がないわけですから，それほど大した問題ではないとして，Ｃ商品も仕入価格のままで，たな卸一覧表を作成してしまおう，という会社もあるでしょう。

いっぽう，Ｃ商品には，もはや400円の価値はない。

400円の価値がない商品を，相変わらず400円という価格でたな卸一覧表に載せておくわけにはいかない。

そう考えて，これならば売れるであろうという値段，たとえば200円に値下げした価格でたな卸一覧表を作成しよう，このような会社もあるでしょう。

◆会社の判断と決算書の数字

このような判断の違いが，貸借対照表に，どのように表れてくるのでしょうか。

Ｃ商品を400円，すなわち仕入れた価格そのままで評価した会社の貸借対照表には，商品1百万円として記載されます。

いっぽう，Ｃ商品を200円と切り下げた価格で評価した会社の貸借対照表には，90万円（Ｃ商品を＠200円×500個として計算）として，記載されることになります。

このように，会社の判断ひとつで，同じ内容にもかかわらず，異なっ

た貸借対照表が作成されてしまうのです。

◆甘い決算と辛い決算

　たな卸を例にとって、貸借対照表の一断面を見てきました。

　そして、会社の判断ひとつで、貸借対照表の金額そのものが変わってしまうという事実を目の当たりにしました。

　C商品を400円で据え置いた会社の貸借対照表には、1百万円という商品が記載されます。

　ところが、この1百万円という金額は、損を含んだ数字です。

　つまり、売っても200円にしかならないことが明らかなのです。

　C商品がもはや200円でしか売れないことをあえて承知のうえで、400円という仕入価格をそのまま据え置いた結果の1百万円なのです。

　200円でしか売れないことを見込んだ会社の貸借対照表には、90万円という商品が記載されます。

　この両社の判断の違い、判断の違いに基づく貸借対照表の相違に、しっかり目を向けていただきたいと思います。

　しばしば、甘い決算、辛い決算という表現が使われます。

　みなさんは、どちらの会社が甘いか辛いか、もうおわかりですね。

　みなさんが実際に決算書を目にする場合に、その決算書の数字が、甘い決算でつくられたものですと、判断を誤ってしまうことになりかねません。

　貸借対照表をはじめとする決算書の裏には、このように、会社のさまざまな判断を仰がなければならない要素がいろいろ潜んでいるのです。

　これから、いよいよ決算書を読みこなしていくわけですが、みなさんは、常に、甘い決算か、辛い決算か、このことを気にしながら、ページ

を進めていってください。

そして，辛い決算書の根底に流れている基本的なスタンスは，

  資産は，なるべく固めに，

  収益は，確実なものだけを，

  費用は，なるべく早めに，

です。

お忘れなく。

EXERCISE
練習問題

問題1 次の空欄に貸借対照表の構成内容を埋めなさい。

貸借対照表

Ⅰ _____	Ⅰ _____
	Ⅱ _____
Ⅱ _____	負　債　合　計
1. _____	Ⅰ _____
2. _____	1. _____
3. _____	2. _____
	3. _____
	Ⅱ　評価・換算差額等
Ⅲ _____	Ⅲ　新株予約権
	純　資　産　合　計
資　産　合　計	負債・純資産合計

問題2 次の空欄に損益計算書の構成内容を埋めなさい。

損益計算書

I ［　　　　　　　　　　］
II ［　　　　　　　　　　］
　　［　　　　　　　　　　　　　　　　］
III ［　　　　　　　　　　］
　　［　　　　　　　　　　　　　　　　］
IV ［　　　　　　　　　　］
V ［　　　　　　　　　　］
　　［　　　　　　　　　　　　　　　　］
VI ［　　　　　　　　　　］
VII ［　　　　　　　］
　　　　［　　　　　　　　　　　　　　　　］
　　　　［　　　　　　　　　　　　　　　　］
　　　　［　　　　　　　　　　　　　　　　］

☞解答は228ページにあります。

第2章 貸借対照表の見方・読み方

第2章 貸借対照表の見方・読み方

I 資産の部を読みこなす

◆**貸借対照表は，下からチェック**

　さて，これから，貸借対照表の中身を1つひとつ見ていきますが，その前に，みなさんに，ぜひ，覚えておいていただきたいことがあります。

　それは，貸借対照表を読みこなす手順，です。

　貸借対照表には，さまざまな科目，さまざまな数字が，ところ狭しと並んでいます。

　いったいどこから手をつけてよいのかわからない，ということになりかねません。

　そこで，まず最初に，左側の一番下の数字を見てください。

　そうです，**資産合計**の金額です。

　会社の総資産がどのくらいあるのか，このことをまずつかむのです。

　次に，右側に目を移します。

　まず，**負債合計**を確認してから，その次に，**純資産合計**を確認します。

　実際に，新宿商事の貸借対照表を見てみましょう。

　まず，総資産の金額を確認します。

　600百万円です。

　新宿商事という会社は，総資産が600百万円というスケールの会社である，ということをまずつかむことができました。

次に，右側の，負債合計と純資産合計の確認をします。

新宿商事の負債合計は，510百万円。

純資産合計は，90百万円。

　　　資 産 合 計　　　600百万円　　　負 債 合 計　　　510百万円
　　　　　　　　　　　　　　　　　　　純資産合計　　　　90百万円

こう整理できました。

つまり，（N＋1）年3月31日において，新宿商事が所有している総資産は600百万円。

そして，この600百万円の総資産は，510百万円の負債と，90百万円の純資産でまかなわれている，こういうことがわかります。

総資産のうち，8割から9割ぐらいは負債，残りが純資産，ということが，それぞれの合計金額を見ただけで，すぐに読み取れました。

◆大きな数字から小さな数字へ

このように，貸借対照表を手にしたら，まず，一番下の数字を見るクセをつけてください。

はじめに，総資産の金額，次に，負債と純資産の金額，というように確認します。

大きな数字をまずつかみ，それから次第に細かい数字に立ち入っていく，こういう読み方をしてください。

◆決算書は最低3期を比較

新宿商事の決算書をご覧いただくと，それぞれ（N＋1）期とN期の2期分あるのがわかります。

ここでは，2期分しか載せていませんが，みなさんが実際に決算書を

読まれるときは，**最低3期以上**を比較するようにしてください。

比較する期間が長ければ長いほど，その会社の経営状態のトレンドをくわしくつかむことができるのです。

1　流動資産

1 現金預金

◆会社経営は，現金に始まり，現金に終わる

資産の科目は，上から順に，

　　　流動資産

　　　固定資産

　　　繰延資産

と大きく3つに分類されます。

そして，流動資産の中でまっ先に登場するのが「現金預金」です。

会社の経営は，「現金に始まり，現金に終わる。」とよく言います。

そして，営業の心得として，しばしば，「営業の仕事は，単に商品を売ることだけではない。現金を回収して，はじめて完了する。」とも言われます。

これは，メーカーだけでなく，銀行などの金融機関にもあてはまります。

みなさんは，このことをしっかりと肝に銘じておいてください。

それほど，現金預金は，会社経営にとって重要な資産です。

貸借対照表の一番上に記載されるゆえんです。

◆**時代は，キャッシュ・フロー経営**

　最近では，「キャッシュ・フロー経営」という言葉をよく耳にするようになりました。

　損益計算書で計算される利益は，会社の実力を表すものとして，もっともわかりやすい指標のひとつです。

　ただし，この利益には，必ずしもお金の裏づけがないことが多いのも，また事実です。

　どういうことでしょうか。

　日々，さまざまな取引が行われていますが，現在のように信用経済が発達した社会では，それぞれの取引に現金が絡むというのは，現実には少ないと思います。

　たしかに，スーパーなどの小売業や不動産賃貸業などのように，

　　　売上＝現金増加

という業種もありますが，全体から見ればむしろ少数派で，日本のほとんどの会社は，取引時には現金による決済は行わない，いわゆる「掛け」取引であり，取引から数か月経った後に決済される方が圧倒的に多いと思われます。

　こうなると，いくら損益計算書上，利益が計上されていたとしても，実際にはお金がなく，最悪のケースでは，きちんと利益をあげているにもかかわらず会社が倒産してしまう，いわゆる，

　　黒字倒産

という事態も起こり得るわけです。

　そこで最近では，利益と同様に，会社の真の実力を表す考え方とし

て，
　　　キャッシュ・フロー
が重視されるようになったのです。
　つまり，会社の損益計算とは別の観点から，あくまでお金の流れ（キャッシュ・フロー）がどのような状況にあるのか，ということを確実にとらえ，また，それを意識した経営，すなわち，
　　　キャッシュ・フロー経営
が叫ばれるようになったのです。
　新宿商事の貸借対照表を見ると，現金預金の残高は，
　　　（N＋1）期　　　90百万円
　　　　N　　期　　　143百万円
と，1年間でおよそ50百万円減少しています。
　いったい，どのような経緯によって現金預金が50百万円減少したのか，非常に気になるところです。
　キャッシュ・フローについては，のちほど，
　　　第5章　キャッシュ・フロー計算書の見方・読み方
で，くわしく説明します。

◆**流動資産と固定資産**
　第1章において，貸借対照表の構成要素の細目にかかる区分については，一定のルールがあると申し上げました。
　資産の部において，流動資産と固定資産をどのように区分するか，実はこのカギは，現金預金が握っているのです。
　すなわち，
　　　決算期末から1年以内に現金預金になる債権など

は，流動資産に配置されます。

たとえば，

　　　1年ものの定期預金

　　　返済期限が1年以内の貸付金

などは，流動資産です。

逆に，

　　　2年ものの定期預金

　　　返済期限が1年を超える貸付金

などは，流動資産ではなく，固定資産ということになります。

このようにして流動資産と固定資産を区分する基準のことを，

　　　1年基準

といいます。

◆**営業にまつわるものは，流動資産**

ところが，ある有名な造船会社の貸借対照表には，売掛金が500百万円計上されていて，次のような説明がされていました。

「売掛金のうち，新造船ほか延払契約による代価で，貸借対照表の翌日から起算して，決済期日が1か年以上のものが200百万円ある。」

そこで，もう一度，この会社の貸借対照表を見てみますと，500百万円の売掛金は，すべて，流動資産に計上されています。

　　　流動資産の売掛金　　　300百万円
　　　固定資産の売掛金　　　200百万円

このようには区分されていません。

そうすると，この会社は，1年基準を無視して決算書を作成してしまったのでしょうか。

それとも，1年基準というルールを知らなかったのでしょうか。
いいえ，そうではありません。
実は，この会社の処理は，まったく正しいのです。
1年基準とは異なった，もうひとつの基準に従って正しく経理しているのです。
それは，

営業循環基準

という基準です。
つまり，

　　受取手形
　　売　掛　金
　　商　　　品

といったような，営業にまつわる資産は，すべて流動資産に計上する，という基準が営業循環基準です。

したがって，1年を超えて回収される売掛金も，2年先に期日がくる受取手形も，営業に関するものである以上，すべて流動資産，こういうことになります。

すなわち，流動資産には，

　　1年以内に現金化されるもの（1年基準）
　　1年以内に現金化されるかどうかに関係なく，営業にまつわるもの（営業循環基準）

こういったものが計上されているのです。

◆すぐには使えない固定性預金

ところで，現金預金といえば，すぐ使えるものと思いがちです。

固定性預金という言葉を耳にしたことがあるでしょうか。

現金預金の中には，定期預金などのように，銀行から払戻しを一定期間経過後に制限されているものもあります。

貸借対照表では，現金預金の内訳までは表示していません。

したがって，現金預金イコールすぐに使えるお金，と考えるのは，少し早計かもしれません。

2 受取手形

◆受取手形の残高は？

次は，受取手形です。

新宿商事の（N＋1）年3月期の受取手形は，38百万円です。

この38百万円の受取手形は，すべて商品を販売した見返りとして受け取ったもので，あらかじめ決められた日に現金預金として回収されることが約束されたものです。

新宿商事の受取手形は，

　　　（N＋1）期　　38百万円

　　　　N　　期　　45百万円

7百万円の減少でしょうか。

いえ，45百万円の増加と見るべきです。

いったい，なぜでしょう。

貸借対照表の受取手形の金額は，あくまで3月31日現在における手持ちの手形だけが記載されています。

割った手形は含まれていません。

そこで，新宿商事の貸借対照表の左下の欄外をご覧ください。

　　　（注）割引手形

とあり，

　　　（N + 1）期　　135百万円
　　　　　N　　期　　 83百万円

と金額が表示されています。

　これは何を表しているのでしょうか。

◆**割った手形のゆくえ**

　まず，"手形を割り引く"とは，平たく言えば，手持ちの手形を銀行に買い取ってもらうことです。

　そして，割引手形とは，受取手形のうち，銀行などに割引に出したもので，まだ決済の期日がきていないものです。

　貸借対照表の欄外に表示されている割引手形は，このような手形がいくらあるかを表しているのです。

　しかし，よく考えてみると，受取手形を銀行で割り引いてしまえば，手形割引料を支払った残りの金額は，現金預金などに姿を変えているか，あるいは，買掛金などの支払いにあてられているはずです。

　それでは，なぜ，すでに手元からなくなった受取手形の金額を，割引手形として貸借対照表の欄外に，わざわざ記載するのでしょうか。

　これには，ちゃんとした理由があるのです。

　たとえば，割引済みの手形が，不渡り，すなわち手形を振り出した得意先の業績が急に悪化し，あらかじめ決めておいた期日に手形の決済ができなくなってしまったらどうなるでしょうか。

　会社は，この手形を銀行から再度買い戻さなければなりません。

　そして，その手形を振り出した得意先に対して，あらためて販売代金を取り立てなければなりません。

その得意先に資力があれば問題はありませんが，資力がなければ泣き寝入り，ということにもなりかねません。

このように，割引手形には，その手形が不渡りになった場合に，銀行から無条件に買い戻さなければならない

　　手形遡及義務

というリスクがあるために，その金額を貸借対照表の欄外に記載しておくことになっているのです。

これにより，貸借対照表は，決算期末における資産・負債の状態だけではなく，割引手形という"債務の可能性"まで表示していることになります。

この，貸借対照表の欄外に記載することを，

　　注記

といいます。

貸借対照表の欄外には，

　　　貸借対照表の科目とか，数字だけではひと口に説明できないもの
　　　貸借対照表の枠内に入れるまでもないもの

などが，注記されます。

こうなると，新宿商事の受取手形の金額は，

　　（N＋1）期　　38百万円
　　　N　　期　　45百万円

のままで，いいでしょうか。

あくまで，新宿商事の3月31日現在における受取手形としては，欄外の割引手形の金額を加えた，

　　（N＋1）期　　38百万円＋135百万円＝173百万円
　　　N　　期　　45百万円＋ 83百万円＝128百万円

ととらえるべきでしょう。

この結果，新宿商事の受取手形は，7百万円の減少ではなく，45百万円の増加だったことが，あらためておわかりいただけたと思います。

◆割引手形は手形を担保にした借入金

受取手形は，本来であれば，あらかじめ決められた期日において現金預金として回収されるものですが，割引手形は，なんらかの事情で資金が必要となったため，期日前に銀行などに買い取ってもらうことで，手形を資金化することです。

そして，いよいよ期日となった場合には，その手形の回収金額は，もともと手形を受け取った会社ではなく，割り引いた銀行が，直接受け取ることになるわけです。

さらに，手形を割り引く場合，その手形金額から，一定の割引料が差し引かれた金額を受け取ることになります。

この"割引料"とは，その割引日から手形の決済期日までの期間に応じた"金利"相当額なのです。

このように考えると，手形を割り引く，ということは，結局，

　　　手形を担保に銀行から借入れをする

ことと同じではないでしょうか。

みなさんは，貸借対照表を見たときに，その欄外に，割引手形の注記があったときは，

　　　割引手形の金額を，受取手形に加えて考える
　　　割引手形の金額を，借入金に加えて考える

このようにとらえるようにしてください。

さて、新宿商事の受取手形は、前の期に比べて大幅に増加しているにもかかわらず、大半の手形を割り引いてしまっていて、手持ちの受取手形は、逆に減少しています。

このことから、新宿商事の資金繰り状態は、かなり厳しいことがうかがえます。

3 売掛金

◆売掛金とは

売掛金とは、文字どおり、掛けで販売した未収代金のことです。

新宿商事の売掛金は、（N＋1）期120百万円。

つまり、新宿商事は、（N＋1）年3月31日現在で、120百万円という金額が掛けのまま残っているわけです。

この120百万円という売掛金は、新宿商事の総資産600百円のうち、5分の1、すなわち20％を占めています。

ずいぶんと重い資産です。

実際、日本のほとんどの会社では、総資産のうち、この売掛金や受取手形をあわせた売上債権、そして、のちほど説明する商品などのたな卸資産が、金額的に、最も大きな比重を占めているのです。

◆売掛金の回収日数とは

ところで、売掛金が掛売りの債権である以上、いつかは入金の日がやってきます。

もっとも望ましいのは、納品した月の翌月、すなわち1か月後に入金、という場合でしょう。

ところが、すべての売掛金が、1か月後にきちんと入金されるとは限

りません。

　先方の資金繰りが悪化して，数か月も入金なし，という売掛金も中にはあるかもしれません。

　あるいは，営業上のトラブルが発生して，それが解決されるまでは支払いストップ，という売掛金も含まれているかもしれません。

　貸借対照表に表示されている売掛金は，会社が期末に所有している売掛金の合計です。

　個々の得意先別に表示されているわけではありません。

　したがって，単に，売掛金の合計額を眺めているだけでは，売掛金の回収状況を判断することはできません。

　そこで，ちょっと工夫してみましょう。

　次の算式をご覧ください。

$$売掛金の回収日数＝\frac{期末の売掛金残高}{1日当たり売上高}$$

　この算式の分母は，

$$1日当たり売上高＝\frac{年間売上高}{365日}$$

として，はじかれます。

　売掛金は，会社の重要な資産です。

　回収が早いにこしたことはありません。

　回収日数が長ければ長いほど，会社に多大な資金負担をかけることになります。

　そして何よりも，回収日数が長ければ長いほど，売掛金の回収の可能

性は薄くなり，不良債権となってしまう可能性が濃くなるのです。

　売掛金の回収日数の計算式は，一度覚えてしまえば，そう難しいものではありません。

　しかも，売上高は損益計算書から，売掛金残高は貸借対照表から，というように，決算書に表示されている数字を拾うだけで，はじくことができるのです。

　新宿商事の売掛金の回収日数を計算してみましょう。

　　　　（N＋1）期　　58.4日

　この58.4日という日数をどう考えますか。

　長いのでしょうか，適当なのでしょうか。

　そこで，前期の回収日数を調べてみると，

　　　　　N　　期　　41.7日

　当期の回収状況は，前期に比べると，かなり長期化・悪化しています。

　回収が延びつつあります。

　支払条件には目をつぶって，売上拡大を図ったのかもしれません。

　あるいは，何か月たっても回収できない不良債権が増えているのかもしれません。

　新宿商事の売掛金には，十分注意を払う必要がありそうです。

Checkpoint 1

売上債権の回収期間（平成24年　中小企業庁「中小企業実態基本調査」）
　　全業種平均　　50.1日
　　製造業平均　　60.4日

◆**回収できない売掛金を損失に計上するには**

　会社の経営には，危険がいっぱいです。

　不幸にも，得意先が倒産してしまって，売掛金が回収できない，という事態が起きれば，その売掛金を貸借対照表から除くと同時に，貸倒損失を計上せざるを得ない，ということになります。

　ところで，貸倒損失を計上する，ということについて，法人税法は，非常にキメの細かい規定をおいています。

　決算書の作成，あるいは決算書を読む，という場合に，法人税法の取扱いを無視して語るわけにはいきません。

　そこで，まず，法人税法が，売掛金をはじめ，回収できなくなった不良の債権を帳簿から落とす（損失を計上する）ことについて，どういう規定をしているのか，を見てみますと，

1. 債権が，**会社更生法**の更生計画や，会社法の整理計画の決定によって，切捨てになった場合は，もちろん落とすことができます。
2. 法的手続きによらずに，債権者との話し合いによって債務を整理する，いわゆる**私的整理**（内整理，任意整理），つまり，債権者委員会の決議によって切り捨てられた場合も，損失として認めてくれます。
3. 相手の赤字がものすごく大きくなってしまい，負債のほうが資産よりも多くなってしまった，つまり，**債務超過**の状態が何年も続いていて，債権の回収が不可能となった場合には，いわゆる「**債権放棄の通知書**」を相手方に送れば損失として計上できます。
4. 継続的に取引をしていた相手方との取引を中止してから1年たっても，まだ回収できない売掛金も損失として計上できます。

　法人税法が定めている内容のあらましは，だいたい以上のとおりで

す。
　1.と2.については，特に説明するまでもないと思います。
　債権そのものが法律的に消滅してしまったわけですから，当然，貸倒損失の発生です。
　問題は，3.にあります。
　3.の要件をもう一度読んでみますと，法人税法は，
① 相手方の会社が資産より負債のほうが大きくなってしまったときかつ，
② 債権放棄の通知を相手方に送付したとき
に，はじめて損失に計上することができる，としています。
　どちらか一方を満たしただけでは，損失として認めてはくれないのです。
　ここに，法人税法の貸倒損失の計上に対する厳しい態度の一端を，垣間見ることができます。

　このように，法人税法の定めは，非常にせち辛いものなのです。
　そこで，決算を組むときに，全額回収できそうもない債権があっても，どうせ法人税法では損に認めてくれないのだから，損に落としておくのはやめておこう，という会社が，実際には，かなりあります。
　たとえば，S社という得意先に，10百万円の債権があったとします。
　S社は，もはや倒産寸前のようです。
　いろいろなルートを通じて，必死にS社の財務内容を調べたところ，みるべき資産もなく，負債のほうが圧倒的に多い，ということがわかりました。
　これまでいくら督促しても，全然支払ってくれないわけです。

ところが，このまま貸倒損失を計上しても，税法上は，簡単には損を認めてくれません。

そこで，やむを得ず，今回の決算では，Ｓ社への売掛金10百万円は，そのまま残しておくことにしました。

したがって，貸借対照表には，10百万円がそのまま流動資産に売掛金として残っています。

法人税法の規定に忠実なあまり，損失の計上を見合わせてしまったのです。

この会社の態度を，あなたはどのように判断しますか？

この決算は，貸借対照表の資産の部に不良債権が含まれた甘い決算である，といわざるを得ません。

できれば，回収不能な債権は，所定の手続きをとって，貸倒損失に計上したいものです。

◆不渡手形は，半分損に落とせる

手持ちの受取手形が不渡りとなってしまい，相手方は銀行取引停止になってしまった。

ところが，この不渡手形の全額を損に落とすということを，法人税法は認めてくれません。

この場合にも，法人税法の厳しい側面が顔を出します。

たとえ不渡手形を手にしたとしても，振出人に対してこの不渡手形を示し，請求を根強く続ければ，お金になる可能性が残されているからです。

そうかといって，相手方は銀行取引停止処分を受けてしまったわけですから，そうやすやすと入金できる見通しもありません。

そこで，法人税法は，このような場合，全額を貸倒損失とすることは認めないまでも，その50％，つまり半分だけは損に落としてもよい，としています。

相手方が不渡手形を出してしまい，いわゆる**銀行取引停止処分**になってしまえば，**債権の半額は損に落とすことができる**，法人税法のこの取扱いは，ぜひ覚えておいてください。

不渡手形の発生ということは，どの会社でも，できれば起こってほしくないことです。

しかし，万が一，不渡手形を受け取ってしまったならば，この取扱いにしたがって，銀行取引停止処分を受けた取引先に対する債権の半額をきっちり損に落としているかどうか，厳重にチェックしたいものです。

4 貸倒引当金

◆**貸倒引当金とは**

貸借対照表の流動資産のところを，上から順番に読んでいます。

現金預金，受取手形，売掛金と進んできました。

さて，せっかく受取手形，売掛金という売上債権を勉強したので，順番は少し変わりますが，ここで，**貸倒引当金**について，勉強しておきたいと思います。

貸倒引当金は，これらの売上債権と切っても切れないつながりがあるからです。

新宿商事の貸倒引当金は，

　　　（N＋1）期　　△ 7百万円
　　　　　N　期　　△ 5百万円

で，それぞれ，頭に，△がつけられています。

△，すなわちマイナスです。

流動資産の合計金額は，すべての流動資産の金額を合計したものから，貸倒引当金の金額をマイナスして計算されているのです。

すなわち，貸倒引当金は，資産のマイナス項目である，ということです。

では，なぜ貸倒引当金は資産からマイナスされるのか，その役割について考えてみることにします。

◆貸倒引当金の意味

たとえば，設立第1期に100百万円の売上げがあり，それが全部売掛金になっていた，とします。

この期は，90百万円の費用がかかり，利益は，10百万円であった，とします。

そして，第2期になりました。

ここで，設立第1期の社長には，第1期が終わったところで退陣してもらい，第2期の社長の登場，ということにいたします。

第2期に入り，第1期の100百万円の売掛金のうち，90百万円は順調に入金となりました。

しかし，残り10百万円は，相手先が倒産してしまい，とうとう回収不能となってしまいました。

第2期の売上高は第1期と同じ100百万円，費用も同じく90百万円であった，とします。

もし仮に，10百万円の貸倒損失がなければ，第1期，第2期とも，損益は，

	（第1期）	（第2期）
売上高	100百万円	100百万円
費　用	90百万円	90百万円
利　益	10百万円	10百万円

ということになります。

　2人の社長は，ともに10百万円の利益をあげて，万事めでたしめでたし，というはずでした。

　ところが，今述べましたように，あいにく，設立第2期に，10百万円の貸倒れが発生してしまいました。

　そこで，実際の数字は，次のように変わります。

	（第1期）	（第2期）
売上高	100百万円	100百万円
費　用	90百万円	100百万円
		（うち貸倒損失10百万円）
利　益	10百万円	0

　第2期の社長の業績は，落ち込んでしまいました。

　せっかく，100百万円の売上高と10百万円の利益を確保したにもかかわらず，前期から持ち越された売掛金のうち10百万円が貸倒れになってしまったため，です。

　第2期の社長は，いわば第1期の社長のツケを払わされたようなものです。

　これでは，あまりにも第2期の社長が，かわいそうです。

　そこで，第2期の社長を救うために設けられるのが，貸倒引当金で

す。

　貸倒引当金は，損益計算書の数字を，次のように塗り替えます。

	（第1期）	（第2期）
売上高	100百万円	100百万円
費　用	90百万円	90百万円
貸倒引当金繰入	10百万円	0
利　益	0	10百万円

　第1期の社長は，100百万円の売掛金のうち，どうも取れそうもない，という金額を見込んで，あらかじめ，費用に計上しておきます。

　それが，損益計算書に登場する貸倒引当金繰入です。

　第2期に発生する貸倒損失を，第1期においてあらかじめ見込み，費用として落としておくのです。

　そして，その費用に落とした金額が，貸借対照表には，**貸倒引当金**として表示されるわけです。

第1期の貸借対照表

売　掛　金	100百万円
貸倒引当金　△	10百万円

　こうしておけば，第2期に貸倒れが現実のものとなっても，大丈夫です。

　なぜなら，貸倒れとなった売掛金10百万円を貸借対照表から消去しても，損失は計上しなくてもすみます。

　第1期に，すでに費用に落としていることを示す貸倒引当金があるから，です。

10百万円の売掛金を消し，同時に，貸借対照表の貸倒引当金も消せば，それでよいのです。

第2期の損益には，影響しません。

つまり，貸倒引当金は，貸倒引当金繰入の反対科目なのです。

したがって，注意していただきたいのは，貸倒引当金という金額は，**そのための現金や預金があるということではない**，ということです。

ただ，

　　　その金額がすでに費用に落ちている

　　　費用処理済みの金額である

ということを表しているだけなのです。

このことは，引当金を読むうえで，非常に大切なポイントです。

さて，第2期の貸倒れの問題は片づきましたが，このままでよいでしょうか。

そうです。

第2期では，次の第3期のことを考えて，やはり，貸倒引当金を繰り入れておいたほうがよいでしょう。

◆甘い決算か，辛い決算か

ところで，新宿商事の貸倒引当金は7百万円ですが，国税庁が公表している「法人企業の実態」調査によれば，わが国の会社のうち，貸倒引当金を設定している会社は，24.2%にすぎません。

残りの75.8%は，**貸倒引当金を設定していない**，のです。

わが国の会社のうち，おおよそ7割は赤字，ということですから，赤字会社が貸倒引当金を設定しない，ということがその理由のひとつであることは確かだと思いますが，それにしても，24.2%とは意外な数字で

す。

　得意先がすべて一流企業ばかりで，貸倒れの心配はゼロ，ということなのでしょうか。

　みなさんは，会社の決算書を見る場合には，貸倒引当金がしっかりと計上されているかどうか，必ずチェックしてください。

　貸倒引当金を計上することができるのにもかかわらず，設定していないということになると，その会社は，甘い決算を組んでいる，と考えられてもしかたありません。

　1万円でも，5万円でも，売上債権がある以上，法人税法は貸倒引当金の計上を認めてくれているのですから。

5 たな卸資産

◆たな卸資産とは

　たな卸資産とは，文字どおり，実地たな卸の対象となる資産を総称したものです。

　具体的には，

- 商　品
- 製　品
- 半製品
- 原材料
- 仕掛品
- 貯蔵品

などがあります。

　たな卸資産は，売掛金などと並んで，総資産に占める割合がきわめて高い大切な資産です。

新宿商事の商品は，

　　（N＋1）期　　150百万円

総資産は600百万円ですから，その割合は，25％にも及んでいます。

◆商品の在庫日数をチェックする

　ところで，たな卸資産の在高(ありだか)，つまり在庫は，放っておくと，じりじりと増えていきます。

　人間誰しも，ラクをしたいという気持ちが常にあります。

　営業担当者は，得意先にいつでもスピーディーに受注した商品を納入したいでしょうし，工場関係の人々は，本社からの発注に対して，ただちに製造に着手できるよう，手許にはなるべく多くの原材料を備えておきたい，と思うでしょう。

　大変なのは，経理担当者です。

　在庫は，経理部のチェックがなければ，あるいは黙っていれば，じりじりと増えていく傾向にあるのです。

　在庫の増加は，お金の減少に直結します。

　なぜなら，在庫はお金が姿を変えたもので，その在庫が販売され，代金として回収されない限り，会社は資金不足の状態が続きます。

　そして，資金不足は借入金などで解消されることになりますが，借入金には，必ず金利が付きものです。

　つまり，在庫の増加は，ただちに金利負担としてはね返ってきます。

　そこで，売掛金について回収日数を計算したように，在庫についても，在庫日数を計算してみる必要があります。

$$在庫日数 = \frac{商品・製品の期末在庫金額}{年間売上原価 \div 365日}$$

商品や製品の在庫日数の考え方は，売掛金の回収日数と同じです。

まず，損益計算書から，売上原価の金額を持ってきます（売上原価については，138ページ以下の解説を参照願います）。

そして，それを365日で割ります。

すなわち，1日当たりの出荷額をまず計算するのです。

分子は，在庫金額です。

在庫金額を1日当たりの出荷額で割って，はたして何日分の在庫があるのか，ということを調べてみよう，というのが**在庫日数**です。

新宿商事の在庫日数を調べてみましょう。

　　（N+1）期　　114.1日分
　　　N　期　　　86.9日分

の在庫です。

在庫日数が，およそ1か月も延びています。

それだけ資金負担が重くなった，ということです。

Checkpoint 2

たな卸資産の在庫日数（平成24年　中小企業庁「中小企業実態基本調査」）
　全業種平均　　36.4日
　製造業平均　　46.4日

◆評価損の計上は厳しい

　ところで，貸借対照表に計上されているたな卸資産の中身が，すべて良品であり，近いうちに必ず出荷されるものであれば，特に問題はありません。

　ところが，その中に，返品された不良品や，すでに時代遅れの商品が多く含まれているとしたら，これは問題です。

　このような不良在庫がある場合には，たな卸資産を評価減して，評価損を計上しておく必要があります。

　しかし，不良在庫の評価損についても，法人税法は，非常に厳しい条件を設けています。

　それは，たとえば，

① 物価の変動でたな卸資産の時価が下がってしまった

② 新製品が発表され，商品が旧式になってしまい，価値が大幅に下がってしまった

などの理由だけでは，評価損の計上を認めてくれないのです。

　法人税法に，このような厳しい取扱いがあるがゆえに，多くの不良在庫をかかえていても，仕入価格そのままで評価した金額を貸借対照表に計上している会社がたくさんあるのです。

　たしかに，ほとんどの中小企業では，たな卸資産について，評価損を計上するというケースは稀でしょう。

　しかし，このような会社は，多くの不良在庫をかかえたまま，いわば損を含んだ金額で，貸借対照表上「たな卸資産」を計上していることになるのです。

　みなさんは，商品や製品という科目を見たら，不良在庫が含まれていないか，その中身に十分な注意を払ってください。

6 有価証券

◆有価証券の中身

会社は，いろいろな目的で，他の会社の株式を所有します。

不要不急の資金があり，寝かせておくのはもったいない，ということで，上場株式を買うこともあるでしょう。

あるいは，商売上のおつき合いでやむを得ず非上場の株式を所有することもあるでしょう。

このように，会社は，さまざまな目的によって，**有価証券**を保有することがあります。

この場合において，会社が，どのような目的でその有価証券を保有するかによって，貸借対照表における表示場所が変わってくることになります。

つまり，有価証券については，その保有目的によって，

① 市場価格のある株式および公社債などで，時価の変動により利益を得る目的で所有するもの（売買目的有価証券）

② 決算期後1年以内に満期の到来する債券など（満期保有目的有価証券）

③ 子会社や関連会社の株式など（子会社株式および関連会社株式）

④ それ以外の目的で保有する株式および公社債など（その他の有価証券）

に区分され，このうち，

① 売買目的有価証券

② 満期保有目的有価証券で，決算期後1年以内に満期の到来するもの

については，流動資産に「有価証券」として，
③　子会社株式および関連会社株式
については，固定資産の投資その他の資産に「関係会社株式」として，
④　その他の有価証券
については，固定資産の投資その他の資産に「投資有価証券」として表示されることになります。
したがって，流動資産に計上される有価証券は，
　　売買目的で保有するもの
　　決算期後，1年以内に満期の到来するもの
に限られる，このことをしっかり覚えておいてください。

◆**有価証券の含み益・含み損**
みなさんは，"含み"という言葉を耳にされたことがありますか。
しばしば，「あの会社には，相当含みがありそうだ。」とか，「この決算で，含み損をはき出した。」などという言い方がされることがあります。
新宿商事の当期の貸借対照表には，
　　　流動資産の「有価証券」………… 1百万円
　　　固定資産の「投資有価証券」……12百万円
と表示されています。
これは，新宿商事が，総額で13百万円（1百万円＋12百万円）の有価証券を所有している，ということを表しています。
では，具体的に，この13百万円という金額は，いつの時点における数字なのでしょうか。
期末時点における数字でしょうか。

それとも，買ったときの数字でしょうか。

はたまた，ぜんぜん別の数字でしょうか。

その答えは，次のとおりです。

さきほど，有価証券はその保有目的によって，区分されることを説明しました。

実は，この保有目的によって，有価証券の計上金額が変わってくるのです。

大まかにいうと，

① 売買目的有価証券　……　期末における時価
② ①以外の有価証券　……　買ったときの値段

となります。

したがって，売買目的で所有する有価証券については，決算日，すなわち，貸借対照表が作成された日の

時　価

で表示され，それ以外の有価証券については，すべて買ったときの値段，すなわち，

取得価額

で表示されることになります。

このような考え方を，会計上の専門用語では，それぞれ，

時価主義

原価主義

といいます。

ここで，原価主義の考え方によれば，必ずほとんどの場合，そこから"含み"というモノが生まれることになります。

たとえば，新宿商事が所有している投資有価証券が，次のようなもの

であった，とします。

　　　X社の株式　　　　　　　　　　1万株
　　　購入単価　　　　　　　　　　　1,200円
　　　（N+1）年3月31日の時価　　　1,500円

　新宿商事の所有している株式には3百万円の含み益がある，ということになります。

　なぜなら，新宿商事が（N+1）年3月31日にこの株式を売ったとしたら，15百万円で売れることになります。

　買った値段が12百万円ですから，3百万円の利益を手にすることができるわけです。

　それにもかかわらず，新宿商事は，株式を売却せずに持ち続けているのですから，それは含み益がある，ということになるのです。

　ここで，もし逆に，時価が1,000円であったとしたらどうでしょうか。

　新宿商事は，（N+1）年3月31日の時点において，2百万円の"含み損"が生じていることになります。

　たしかに，売買目的有価証券は，期末時における時価で計上されていますが，それでも一日でもズレれば，時価は異なるのがほとんどでしょう。

　株式には，「含み益」と「含み損」の双方が生じる可能性があります。

　このように，貸借対照表に，有価証券の表示があるときは，その含みがどれくらいあって，それが含み"益"なのか，"損"なのかを調べることが，きわめて大切です。

7 仮払金

◆仮払金の正体

　流動資産の中に「仮払金」という科目を計上している会社を，ときどき見かけることがあります。

　新宿商事も例外ではなく，（N＋1）期の貸借対照表には，2百万円の仮払金が計上されています。

　仮に払ったお金，とはいったいなんでしょうか？

　実は，この「仮払金」という科目が資産として決算書に堂々と登場することは，けっして好ましいことではありません。

　なぜなら，支払いの段階ではとりあえず「仮払金」として処理しても，決算のときは本来の正しい科目に振り替えるべきものだからです。

　仮払金という科目がそのまま決算書に残っていること自体，初歩的なミスととられかねません。

　もし，みなさんが担当されている会社の決算書に，仮払金が計上されているようでしたら，必ずその中身を確認する必要があります。

　それほど，この仮払金というものは，くせ者なのです。

　仮払金が流動資産に登場するケースは，大きく分けて2つあります。
　　　資産の仮払い
　　　経費の仮払い
という2つです。

　まず，資産の仮払いから見てみましょう。

　たとえば，メーカーに機械を注文した，とします。

　この機械は，特注品にあたるため，発注時に手付けとして，代金の一

部を支払い，これを仮払金として経理しました。

　本来ならば，この手付金は，代金の前払いのものとして，「前払金」とでも経理すべきものです。

　それを，とりあえず仮払金としておき，決算のときに前払金に振り替えるつもりでいたところ，つい，うっかり仮払金のままにしてしまった，というケースです。

　このケースの仮払金は，ズサンな経理処理はともかくとして，あえて問題視する必要はありません。

　なぜなら，この仮払金の見返りに，近い将来，"機械"という資産が実際に会社に入ってくるから，です。

　問題は，経費の仮払い，です。

　たとえば，営業部長に頼まれて，接待費として50万円の仮払いを起こした，とします。

　営業部長は，この50万円を実際に接待に使ったのですが，忙しさにまぎれて，ついつい精算するのを忘れてしまい，そこで決算を迎えてしまいました。

　このために，決算で仮払金が残ってしまいました。

　これが，経費の仮払いです。

　経費の仮払いですから，資産としての実態は，まったくありません。

　資産の仮払いと違って，将来，会社に資産が入ってくるわけでもありません。

　それにもかかわらず，堂々と貸借対照表に資産として登場してしまいます。

　みなさんは，決算書で仮払金という科目を見たら，必ずその中身をつかむ必要があります。

なぜなら，この仮払金という科目を使うことによって，決算書の利益を水増ししていることも考えられるからです。
　典型的なケースで考えてみましょう。
　経費の仮払いが生ずる最も典型的なケースは，
　　法人税の仮払い
　　役員賞与の仮払い
です。
　支払った法人税や役員賞与は，法人税法上，損になりません。
　そこで会社は，とりあえず，仮払金として処理しておき，決算のときに「法人税等」や「役員賞与」の科目に振り替えようと考えます。
　ところが，いざ決算をしてみたら，役員賞与の仮払いを費用に振り替えると，赤字決算になってしまう，という事態が生じた，とします。
　赤字決算にはしたくない，ということで，支払済みの法人税や役員賞与を経費に計上しないまま仮払金として残してしまうケースが，実は，しばしばあるのです。
　そこで，経費が仮払金として資産に残っている決算書を見るときには，その金額を利益からマイナスしてください。
　もし，仮払金の内容がわからなければ，とりあえず，仮払金の金額は利益からマイナスするようにしてください。
　つまり，その分，利益をカットしたところで，決算書を見るようにします。
　みなさんには，これぐらいの姿勢があってしかるべきです。
　新宿商事には，2百万円の仮払金がありますが，この仮払金の金額を利益からマイナスすると，5百万円。
　実質の利益は5百万円だった，こういうことになります。

EXERCISE 練習問題

問題1 流動資産と固定資産に区分する2つの基準とは？
　　　① _____
　　　② _____

問題2 割り引いた手形が不渡りになった場合，銀行から買い戻さなければならない義務のことを何といいますか？

問題3 売掛金5,000万円，売上高5億円の場合の売掛金の回収日数を求めなさい。

問題4 貸倒引当金を設定する意味は？

問題5 商品3,000万円，売上原価2億円の場合の商品の在庫日数を求めなさい（小数点2位以下を四捨五入）。

☞解答は228ページにあります。

2　固定資産

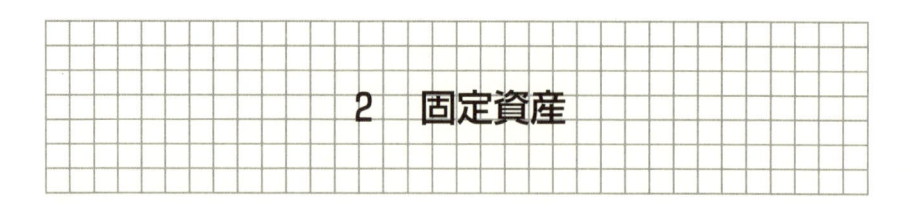

1 有形固定資産

　ここから,「固定資産」に入ります。
　固定資産は,
　　　　有形固定資産
　　　　無形固定資産
　　　　投資その他の資産
の3つに分類されます。
　やはり,上から順に見ていきましょう。

◆**有形固定資産の中身**
　まず,有形固定資産から,見ていきます。
　有形固定資産とは,文字どおり,形のある固定資産のことですが,さらに区分すると,
　　　　減価償却の対象となる有形固定資産
　　　　土　地
　　　　建設仮勘定
という,3種類の性格に分けることができます。
　新宿商事の貸借対照表には,
　　　　建　物
　　　　機械装置

車両運搬具
　　　器具備品
　　　土　地
　　　建設仮勘定

の6つの有形固定資産が計上されています。

　このうち，土地と建設仮勘定を除いた4つの有形固定資産は，いずれも減価償却の対象となる資産ばかりです。

❶減価償却資産

◆減価償却とは

　減価償却については，すでにご存じの方も多いと思いますが，ここで，簡単に説明しておきたいと思います。

　たとえば，2百万円の機械を事業年度の初めに購入した，とします。有形固定資産に，新たに機械が2百万円増えたことになります。

　そして，この機械が，仮に，5年間しか使えないもの，とします。5年間この機械を使ったら廃棄してしまう，という仮定です。

　この場合の5年，すなわち，使える期間のことを，

　　　耐用年数

といいます。

　耐用年数というのは，簡単にいえば，資産の寿命のことです。

　さて，この機械は，5年後には価値がゼロになってしまうわけですが，その間，貸借対照表には，機械2百万円として計上したままでよいでしょうか？

　つまり，貸借対照表には，機械として，

　　　　　1年目　　　200万円

2年目　　　200万円
　　　3年目　　　200万円
　　　4年目　　　200万円
　　　5年目　　　200万円
　　　6年目　　　　0万円

　これでよいでしょうか？
　ちょっと考えてみてください。
　機械の価値は，次第に減っていくはずです。
　5年後に，2百万円のものが，いっきにゼロになってしまうわけではありません。
　たとえば，
　　　1年目　　　200万円
　　　2年目　　　160万円
　　　3年目　　　120万円
　　　4年目　　　 80万円
　　　5年目　　　 40万円
　　　6年目　　　　0万円

　このように価値が減少していくものと思われます。
　そこで，この価値の減少を，毎年毎年とらえていこう，というのが，**減価償却**です。
　ここで，2年目の決算がやってきた，とします。
　「減価償却費」という費用を計上します。
　そして，減価償却した，ということを，
　　　　機　　　　械　　　200万円
　　　　減価償却累計額　　△ 40万円

貸借対照表で，このように表示するのです。

さきほど勉強した，貸倒引当金と同じ方法です。

3年目には，この機械は，さらに価値は減って，120万円となっているわけです。

これと同じことを，4年目，5年目も繰り返します。

減価償却累計額は，120万円，160万円と増えていき，それとは逆に，機械の価値は，80万円，40万円と減少していきます。

このように，減価償却資産とは，減価償却をすることによって，その価値の一部分が，毎年毎年費用になっていく資産です。

このことを，

固定資産の流動化

といいます。

さらに，この減価償却費という費用は，

現金支出を伴わない費用である

ということも，覚えておいてください。

◆**減価償却の方法**

有形固定資産を減価償却する場合，どれだけ償却をするかは，その固定資産の，

　　耐用年数

　　償却方法

が決まれば，計算することができます。

まず，耐用年数ですが，法人税法は，資産の種類ごとに，こと細かく耐用年数を定めており，通常は，これに従うことが多いのです。

次に，償却方法ですが，

定率法
定額法

という2つの方法があります。

　定額法というのは，文字どおり，毎年，均等額を償却する，という方法です。

　これに対して，定率法は，最初のうちに早めに大きく償却しておく，という方法です。

　図で示すと，わかりやすいと思います。

定額法での償却イメージ	1年目	2年目	3年目	4年目	5年目	
	40万円	40万円	40万円	40万円	40万円	トータル200万円

定率法での償却イメージ	1年目	2年目	3年目	4年目	5年目	
	100万円	50万円	25万円	12.5万円	12.5万円	トータル200万円

◆辛目の減価償却とは

　このように，当初は，定率法のほうが，減価償却費が大きくなります。

　ところで，減価償却とは，あくまで机上の計算であって，その資産が定めた耐用年数どおりに使えるものかどうか，あるいは，償却の途中で，すなわちスクラップになる前に中古売却しようとしたとき，はたしてその資産のその時点での価値，すなわち帳簿価額どおりに売却できる

ものなのかどうかはわかません。

そうすると，ここに，その会社の減価償却に臨む態度というものが，おのずから決まってきます。

耐用年数を短くすればするほど，また，定額法より定率法によったほうが，通常は償却が早く進みます。

つまり，貸借対照表に計上される資産の金額が早めに減っていきます。

このことは，すなわち，より辛い決算を組むことができる，ということです。

◆ゲキ辛の有税償却

「有税償却」という言葉をお聞きになったことがあるでしょうか？

これは，法人税法が認めた限度額以上の減価償却費をあえて計上する，こういう方法です。

限度額以上の償却は，もちろん法人税法上の損金として認めてくれません。

そのことを承知で，つまり，税金を払ってでも，償却してしまうのです。

まさに，ゲキ辛といえるでしょう。

これに対して，「償却不足」という言葉があります。

たとえば，法人税法が認めた償却可能額が10百万円あるにもかかわらず，5百万円の減価償却費しか計上しなかった場合，です。

これは，より多くの利益を計上したい，というときに見られます。

当期の償却前の利益は10百万円だったとします。

減価償却費をきっちり計上したら，収支トントン，ヘタをしたら赤字

にもなりかねません。

このような事態に陥ったとき，会社が最も簡単に利益を生み出す方法のひとつは，減価償却費の計上をやめてしまうことなのです。

まったく計上しないまでも，法人税法の限度額以下に抑えてしまうことなのです。

この例でいえば，5百万円に抑えておけば，5百万円の利益を簡単に捻出することができるのです。

ただし，この償却不足は，翌年以降にシワよせがきます。

償却不足がたまってくると，将来ある時期に大きな赤字計上，こういう事態がやってくるのは必至です。

みなさんは，減価償却資産をチェックする場合，有税償却とはいわないまでも，法人税法上，経費として認められる限度額に対して，100％の減価償却を計上しているかどうか，このことを見るようにしてください。

◆減価償却資産の計上方法

新宿商事の（N＋1）期の有形固定資産をご覧ください。

　　建　物　　　　45百万円
　　機械装置　　　21百万円
　　車両運搬具　　 6百万円
　　器具備品　　　 8百万円

これらの金額は，減価償却をした後のものでしょうか。

それとも，購入した金額がそのまま計上されているのでしょうか。

正解は，償却後の金額です。

なぜなら，**減価償却累計額**という科目が見当たらないからです。

減価償却累計額というのは，その資産について，今まで減価償却をした金額の合計です。
　新宿商事は，減価償却累計額をマイナスした数字で表示しているのです。
　ところで，新宿商事では，ずいぶん減価償却資産が増えています。
　大幅な設備投資をしたのがわかります。
　いったい，何をはじめたのでしょうか。

❷土　地

◆土地の貸借対照表価額とは

　有形固定資産の「**土地**」の項に移りましょう。
　貸借対照表に計上されている土地の金額は，**その土地を買ったときの値段**，です。
　したがって，古くから所有している土地であればあるほど，その土地には含み益がある，こういうことになります。
　会社にも，歴史というものがあります。
　古い会社が良い，というわけではありませんが，古くに設立した会社ほど，含み益のある土地を所有しているケースが多いものです。
　会社の決算書を読むとき，その会社が設立何期目で，その決算書に計上されている土地は，はたして，いつごろ購入したものだろうか，このことに注意しておくと，思わぬ参考になることがあります。
　土地の含みは，決算書の裏にひそむ会社の実力，ということができます。
　何度も述べたように，貸借対照表の資産は，**購入価額**で計上されます。

ということは，会社の真の資産内容，財産力といったものを把握するためには，それらの資産を時価に引き直して，はたしてどれくらいの資産となるのだろうか，という計算をする必要があるのです。

◆土地の時価とは

ここで，土地の時価について，考えてみたいと思います。

土地の時価といっても，ひと口には出てこないものですが，一般に公表されているものでは，

　　　国土交通省が公表する公示価格
　　　各市町村が公表する固定資産税評価額
　　　国税庁が公表する路線価

などがあります。

公示価格とは，地価公示法という法律に基づいて国土交通省が毎年公表する1月1日時点の全国の土地価格のことです。

固定資産税評価額というのは，文字どおり，固定資産税を課税するための基礎となる土地の金額です。

毎年1月1日現在の土地の価額を，市町村（東京都の場合は都税事務所）が調べて，固定資産税の課税対象とするのです。

毎年1月1日といっても，いったん決めた価格は，3年間据え置かれます。

平成24年が，その評価替えの年でした。

したがって，平成24年につけられた価格は，原則として平成25年，平成26年とも，同じ価格となり，次の評価替えは，平成27年になります。

固定資産税評価額は，東京都であれば，都税事務所，その他は市町村役場で調べることができます。

固定資産税評価額は，最近では，**時価の約7割を目安として計算されている**，といわれています。
　しかし，評価額が3年間据え置かれるため，土地の時価を推定する方法としては，多少問題があるかもしれません。
　次に，路線価です。
　国税庁は，これも同じく毎年1月1日現在で，全国の主要な市街地の道路について，1平方メートル当たりの時価を評価し，それを路線価図という地図の形にまとめています。
　この路線価というのは，相続税や贈与税の計算をするときに，土地の評価額を算定するために用意されているものです。
　したがって，実際に取引される相場からみれば，少し低めに抑えられています。
　そこで，時価を計算するときは，路線価を0.8で割り戻すか，1.25倍してみてください。
　最近では，バブル崩壊以降，土地取引もぐっと冷え込み，場所によっては，路線価と実際の土地の取引価格がほとんど変わらない，という場所もあるようです。
　しかし，平均してみれば，路線価のおよそ1.25倍をメドにしていただければ，それほど大きな違いはなく時価を推定することができると思います。
　なお，この路線価は，各税務署の資産税課に用意されており，また，国税庁のホームページでも確認することができます（http://www.rosenka.nta.go.jp/）。
　このようにして，決算書の裏にひそむ実力というものを推し計るのも，きわめて重要なことです。

❸建設仮勘定

◆建設仮勘定とは

　さて，有形固定資産の最後は，「建設仮勘定」です。

　新宿商事の建設仮勘定は，

　　　（N＋1）期　　23百万円

　　　　N　　期　　30百万円

と，すこし減少しています。

　建設仮勘定が減少する，とはどういうことなのでしょうか。

　たとえば，新工場を建設することを考えてみてください。

　まず，土地を取得します。

　そして，工場建物の建築にとりかかります。

　建物が完成したら，次は，機械や備品の搬入，となるでしょう。

　このように，ひとつの工場はできあがるまでには，かなりの長期計画が必要となります。

　工場の建設が完了し，操業が開始されるまでには，さまざまな出費が生じます。

　これらもろもろの出費のつど，土地勘定，建物勘定，機械勘定に振り替えるとしたら，ずいぶん面倒なことになるとは思いませんか。

　そこで，これらもろもろの出費を，まとめて建設仮勘定に計上してしまうのです。

　そして，工場が完成し，運転が開始した段階で，それぞれの有形固定資産へと振り替えるのです。

　このように，建設仮勘定の金額は，設備投資が進行中である，ということを表しているのです。

したがって，新宿商事のように，建設仮勘定の金額が減少しているということは，設備投資中であった資産が完成し，実際に稼働を始めたことを意味しています。

◆投資期間中の金利の取扱い

ところで，建設仮勘定に計上される経費には，どのようなものがあるのでしょうか。

機械や備品を搬入したときの運搬費や労務費は，文句なく「建設仮勘定」です。

では，**建設のための借入金の利息**はどうでしょうか？

金利は，本来，**経費**です。

経費は，あくまで，そのつど落としていくのが，原則です。

ところが，設備投資がいまだ進行中ということは，当然，その新工場は稼働していません。

すなわち，新工場の稼働前に，支払金利が先行する，経費が先行する，こういうことになります。

そうすると，設備投資額が大きくなると，この金利の支払いによって，会社が赤字へ転落してしまうことがあるかもしれません。

そこで，金利を建設仮勘定に含め，資産として計上することも認められているのです。

そうすることによって，金利は，建設仮勘定となり，将来，建物などの取得価額に含められ，**減価償却**によって，最終的に費用になっていく，このようなながれになります。

ただ，建設仮勘定に含めることができる金利は，

　　建設のための借入金であること，

かつ，
　　設備等が稼働する前に支払われたものであること，
という条件を満たすものに限られます。
　ただ，あえて，こういう方法をとらなくてもよいのは，もちろんのことです。
　金利は，経費であることには変わりないわけですから，**そのつど経費に落としていくのが原則**，であることには違いありません。

2 無形固定資産

◆無形固定資産とは

　有形固定資産の次は，無形固定資産です。
　無形固定資産には，さまざまなものがあります。
　たとえば，「**工業所有権**」と総称される，特許権・意匠権・商標権・実用新案権や，借地権・営業権・漁業権・鉱業権・ソフトウェアなど，ほかに「**施設利用権**」と総称される工業用水道施設利用権・電気通信施設利用権などがあげられます。
　「権」という文字がついていますが，いずれも具体的な形を持たないものばかりです。
　それでは，この中から，新宿商事の貸借対照表にも計上されている「**借地権**」について，見てみましょう。
　たとえば，いま，東京都内に土地を借りてビルを建てようと思ったら，多額の権利金を支払わなければなりません。
　なぜ，このような多額の権利金になるのかというと，土地を借りた会社は，"借地権"という非常に強い権利を手にすることになるからです。
　つまり，権利金というのは，「借地権を取得するための対価」という

ことができます。

このようにして，取得した借地権は，無形固定資産として，貸借対照表に表示されます。

◆隠れた借地権とは

ところで，貸借対照表上，まったく姿を表さない借地権もある，ということをご存じでしょうか。

ある会社が，昭和のはじめに，東京都内に土地を借りて，本社ビルを建てた，とします。

当時は，まだ，土地を借りるのに，権利金をやり取りするという習慣はありませんでした。

したがって，この会社の貸借対照表のどこを探しても，借地権という科目は見当たりません。

しかし，当時と比べると，この土地の値段は，恐ろしいくらいに高くなっています。

いま借りようとすれば，その土地の時価の7割から9割の権利金を支払わなければなりません。

つまり，この会社には，多額の借地権が隠されているのです。

ズバリ，大変な資産です。

このような会社の貸借対照表には，建物は表示されているものの，土地の表示がありません。

みなさんも，このような決算書を見かけたら，要チェックです。

ひょっとしたら，大変な含み益のある会社かもしれません。

3 投資その他の資産

◆関係会社株式とは

新宿商事の貸借対照表を見ると，当期から，関係会社株式という項目が表示されています。

　　　　（N＋1）期　　　10百万円
　　　　　N　期　　　　0円

流動資産の有価証券のところで申し上げたように，子会社やグループ会社などの関連会社株式については，投資その他の資産に

　　　　関係会社株式

として表示されることになります。

では，この子会社や関連会社というのは，どのような会社をいうのでしょうか。

　　　　従業員が数多く出向している会社
　　　　当社の役員がその会社の役員を兼ねている会社

これらの会社も，しばしば子会社と呼ばれることがあります。

しかし，会社法が定めている子会社や関連会社というのは，それらの会社における，

　　　　総株主の**議決権**の一定割合を超えて所有している会社

をいいます。

もちろん，この議決権とは，株主が株主総会に出席し，さまざまな決議について，"賛成・反対"の一票を投じる権利のことをいいます。

具体的には，子会社であれば，その50％を超える議決権を所有している会社をいい，関連会社であれば，その20％を超える議決権を所有している会社のことをいいます。

厳密には，この関係は，議決権以外の要素も考慮して判断されるのですが，まずは，議決権を基準にとらえていただければ結構です。

いずれにしても，これらの会社の株式を所有している場合には，貸借対照表に，関係会社株式として表示されることになるのです。

◆関係会社の存在には要注意

みなさんが会社の決算書を読むときに，もしその会社に関係会社がある場合，会社のほんとうの実力を判断するためには，関係会社を含めたグループ全体の力を総合して見なくてはなりません。

親会社が関係会社に商品を押込販売をする，という例はよく見られます。

そうすることによって，親会社には，売上げが立ちます。

関係会社は，商品を仕入れたことになります。

この商品が，関係会社ですぐ販売されれば，問題はありません。

警戒しなければならないのは，関係会社の倉庫に，親会社から仕入れた商品が山積みされている，こういう場合です。

企業グループ全体から見た場合，このような状態で，はたして販売完了といえるでしょうか？

このような場合，親会社の決算書だけを見ても，企業グループ全体のほんとうの業績を判断することはできません。

企業グループ全体で見た場合，この利益は，ほんとうの利益といえるでしょうか？

たしかに，親会社単独で見た場合には，売上げがあり，利益をあげています。

しかし，企業グループ全体を1つの会社として見た場合，親会社とい

う倉庫から，関係会社という他の部門の倉庫に商品を移動させただけ，なのです。

ですから，このような場合には，親会社が計上した売上げと利益はなかったものとして考える必要があり，グループ会社間という身内の取引はなかったものとして考えるべきなのです。

◆関係会社株式の含みに注意

新宿商事の投資その他の資産には，10百万円の関係会社株式が計上されています。

この10百万円という金額は，関係会社株式の取得価額です。

たとえば，発行価額5万円，発行した株式数1,000株，したがって，資本金は50百万円。

このような会社を，親会社の全額出資で設立すれば，親会社の投資その他の資産は，関係会社株式として50百万円計上されるわけです。

ここで重要なことは，関係会社株式が，**出資したときの価額で計上されている**，ということです。

関係会社の業績が順調であるかどうかによって，関係会社株式の時価は，変化します。

優秀な関係会社であれば，関係会社の1株当たりの金額は5万円を上回り，逆に，赤字続きの親不孝な関係会社であれば，5万円の額面割れ，ということにもなるでしょう。

ところが，いずれにしても，親会社の貸借対照表に計上されている関係会社株式の金額は，1株5万円のまま据え置かれます。

時価がどう変化しても，出資したときの金額のまま，なのです。

つまり，関係会社株式は含み益，含み損の双方の可能性をはらんでい

るわけです。

◆投資その他の資産の"その他"とは

"投資"という言葉には，積極的なイメージがあります。

潤沢な資金を積極的に運用している，というように。

しかし，貸借対照表に計上されているのは，"投資"ではなく，"**投資その他の資産**"。

ここで注意しなければならないのは，この"その他"という言葉です。

では，なぜ，投資"その他"なのでしょうか。

本来の長期的な投資目的で所有している有価証券や子会社株式などは，当然，投資その他の資産に計上されます。

しかし，ここには，

　　流動資産に該当しないもの
　　有形固定資産に該当しないもの
　　無形固定資産に該当しないもの

も計上されてしまいます。

たとえば，新宿商事の投資その他の資産には，

　　長期貸付金　　5百万円

が計上されています。

流動資産のところで勉強した1年基準を思い出してください。

貸付金は，1年基準によって，流動資産と固定資産に区分されます。

長期貸付金は，決算期末から1年以内には返済が予定されていない貸付金ですから，当然，固定資産に表示されます。

そして，長期貸付金は，有形固定資産でも，無形固定資産でもないの

で，投資その他の資産に表示されることになります。

なんとなく，残りものといった感じですが，そのとおりなのです。

そして，もうひとつ。

売掛金，受取手形などの営業にかかわる債権は，たとえ回収期間は1年を超えるものであっても，流動資産に計上される，と勉強しました。

そうです。営業循環基準です。

しかし，例外があったのです。

それは，

　　破産債権
　　更生債権

など，です。

たとえ回収のペースがきわめて遅いものであっても，営業債権であれば流動資産に計上されますが，相手方が倒産して破産会社になってしまったとか，相手方が倒産して会社更生法の適用会社になってしまった，というような営業債権は，もはや流動資産ではないのです。

流動資産に計上される資格を失ってしまったのです。

そこで，行き場所を探さなくてはなりません。

それが，投資その他の資産です。

投資その他の資産に引っ越しをして，表示されるのです。

このように，投資その他の資産には，流動資産の資格を失って，やむなく引っ越した資産もあるのです。

投資その他の資産の中身をきっちり調べておく必要がある，という理由は，実は，ここにあります。

新宿商事の投資その他の資産には，長期貸付金が5百万円計上されていますが，その中身は，いったいなんなのか，調べてみる価値がありそ

うです。

4 繰延資産

◆繰延資産とは

　新宿商事の（N＋1）期の貸借対照表には，"開発費"という**繰延資産**が6百万円計上されています。

　開発"費"という科目なのに，資産に計上されているのは，なんだかおかしな感じですね。

　では，いったい，繰延資産とは，なんなのでしょうか？

　そこで，新宿商事の貸借対照表にも計上されている開発費を例にとって，見ていきましょう。

　さて，開発費とは，読んで字のごとく，本来は，費用です。

　その費用がなぜ，貸借対照表の資産の部に計上されているのでしょうか。

　ある会社が，第1期に新市場の開拓および新製品の開発に着手した，としましょう。

　この会社は，まだ売上げがなく，開発費の2百万円だけが経費だった，とします。

　第2期も，売上げがゼロで，開発費は2百万円。

　そして，第3期に入って，はじめて新製品が製品化され，売上げが10百万円となりました。

　第1期，第2期の努力が，第3期になって，やっと実ったわけです。

第1期の損益計算書

開 発 費	2百万円	売 上 高	0
損 失 △	2百万円		

第2期の損益計算書

開 発 費	2百万円	売 上 高	0
損 失 △	2百万円		

第3期の損益計算書

利 益	10百万円	売 上 高	10百万円

　しかし，第1期・第2期だけが，赤字の汚名を着せられるのは，少し不合理とはいえないでしょうか？

　もし，第3期の売上げ10百万円に貢献した第1期，第2期での開発費4百万円を，第3期の費用とすることができれば，スッキリするとは思いませんか。

　そのために認められている特別な"資産"が，**繰延資産**なのです。

　費用を支出した年の経費として落とさずに，翌年以降に繰り延べるため，貸借対照表の資産の部に，「繰延資産」として計上しておくのです。

第1期の損益計算書

費 用	0	売 上 高	0

第1期の貸借対照表

繰延資産・開発費	2百万円		

	第2期の損益計算書		
費　　　用	0	売　上　高	0

	第2期の貸借対照表		
繰延資産・開発費	4百万円	売　上　高	0

	第3期の損益計算書		
開発費償却	4百万円	売　上　高	10百万円
利　　　益	6百万円		

	第3期の貸借対照表	
繰延資産・開発費	0	

◆繰延資産と"資産"の違い

　繰延資産というのは，いわば**費用の繰延べ**です。

　繰延費用といったほうが，その内容を適切に表現しているかもしれません。

　今の例でご説明したように，開発費という費用は，翌年の売上げに負担させたほうが合理的であることは間違いありません。

　しかし，繰延資産とその他の資産との間には根本的な違いがあります。

　たとえば，機械と比べてみましょう。

　機械は，あくまで，財産です。

　担保に入れることもできますし，下取りに出すこともできます。

　では，開発費はどうでしょうか？

　担保に入れることもできなければ，下取りに出すこともできません。

　すでに消えてしまった費用なのですから。

◆繰延資産の償却

ところで，会社法は，次の5種類の繰延資産をかかげています。
- 株式交付費
- 社債発行費
- 創立費
- 開業費
- 開発費

そして，繰延資産は，この5種類に限定されています。

繰延資産は，「**償却**」という手続きを経て，費用となっていきます。

ちなみに，開発費は，その**支出後5年内に毎期均等額以上を償却**しなければなりません。

均等額以上ということは，5分の1以上を毎決算期において償却していく，こういうことです。

5分の1以上ということは，もちろん，全額を償却してもかまわないのです。

いずれにしても，繰延資産は，すでに消えてしまった費用にすぎません。

本来は，資産価値など，ないものです。

できれば，支出時に，全額を費用処理したいものです。

新宿商事には，貸借対照表・繰延資産に開発費が計上されています。

もしかしたら，前の期までは費用として処理していたものを，今期に限り，費用処理したくない理由があって，繰延資産として資産に計上したのかもしれません。

要チェック項目です。

EXERCISE 練習問題

問題1 有形固定資産の使用可能期間のことを何といいますか？
_____

問題2 「有税償却」とは，どういうものですか？
_____

問題3 路線価を利用した土地の時価を算定する方法とは？
_____

問題4 親会社と子会社の関係の定義は？
_____
_____

問題5 取得価額100万円，時価300万円の関係会社株式の"含み損益"を求めなさい。
_____

問題6 会社法で定める「繰延資産」を5つ挙げなさい。
　　　　① _____
　　　　② _____
　　　　③ _____
　　　　④ _____
　　　　⑤ _____

☞解答は229ページにあります。

第2章　貸借対照表の見方・読み方

II 負債の部を読みこなす

◆資産の調達先

いよいよこれから，貸借対照表の右側に目を移します。

貸借対照表の右側は，「負債」と「純資産」です。

ところで，前に説明したとおり，貸借対照表の基本構造は，

　　　　資産＝負債＋純資産

です。

したがって，資産が増加したということは，そのぶん，負債と純資産のいずれかが増加した，あるいは，両方が増加した，ということです。

つまり，冒頭でも申し上げたように，負債とか純資産という貸借対照表の右側は，左側の資産の調達先を示すものだ，ということになります。

資産の調達先が株主の場合には，純資産となり，株主以外の第三者が資産の調達先であれば負債，このように区分されることになります。

新宿商事の貸借対照表を見ると，資産総額は，

　　　（N＋1）期　　600百万円
　　　　　N　　期　　420百万円

ですから，180百万円，資産が増加しています。

これに対して，負債合計は，

　　　（N＋1）期　　510百万円
　　　（N）　期　　342百万円

168百万円の増加です。

　資産合計の増加が180百万円ですから，ほとんどが負債の増加によってまかなわれたことがわかります。

◆株主資本比率とは

　しばしば，株主資本とか，他人資本，という表現が使われます。
　ここで使われる資本という言葉は，資金の調達先のことであって，
　　　他人資本とは，第三者からの調達
　　　株主資本とは，株主からの調達
を意味します。
　したがって，貸借対照表でいえば，
　　　負債が，他人資本
　　　純資産が，株主資本
こういうことになります。
　この言葉に関連して，
　　　株主資本比率
という言葉も覚えてください。

$$株主資本比率 = \frac{株主資本}{他人資本 + 株主資本} \times 100$$

と計算します。
　会社の総資産のうち，株主資本でまかなわれているのがどれくらいなのか，という指標が，この株主資本比率です。
　ちなみに，（N＋1）期の新宿商事の株主資本比率は，15％です。

1 支払手形

さて，具体的に，負債の部を見ていきたいと思います。

負債の部は，

> **流動負債**
> **固定負債**

に分かれます。

流動と固定の区分の基準は，資産の場合と同じ，です。

> **営業循環基準**
> **1年基準**

です。

営業にまつわる，

> 支払手形
> 買掛金

などは，1年以内に返済期限がくるこないにかかわらず，すべて流動負債になります。

その他のものは，返済期限が1年以内のものは流動負債，返済期限が1年を超えるものは固定負債，に表示されます。

Checkpoint 3

自己資本比率（平成24年 中小企業庁「中小企業実態基本調査」）
  全業種平均   29.1%
  製造業平均   37.8%
会社の財務内容の健全性から考えると，50％以上が理想といえるでしょう。

◆支払手形は"待った"がきかない

　支払手形は，受取手形の裏返し，です。

　掛代金を手形で支払えば，支払手形として表示されます。

　ただし，受取手形は，あくまで営業に関するものを手形として受け取った場合にだけ，受取手形として表示されました。

　ところが，支払手形のなかには，営業に関するもの以外，たとえば，工事代とか，設備費などの支払いにあてられたものも含まれます。

　この点が，受取手形とは異なります。

　支払手形でしっかりとおさえていただきたいことは，「待った」がきかないことです。

　いったん手形を振り出してしまえば，期日には，なにがなんでも決済しなくてはなりません。

　万が一，決済することができなければ，**不渡り**ということになり，不渡りを2度続ければ，**銀行取引停止処分**になってしまいます。

　銀行取引が停止されれば，誰も，まともな会社とは扱ってくれません。事実上の倒産となってしまいます。

　この点が，次に説明する買掛金と異なるところです。

　買掛金は，交渉次第では，支払いの延期を認めてくれるかもしれません。

　極端にいえば，支払手形を振り出してさえいなければ，会社は簡単には倒産しない，ということです。

　中小企業の場合，会社の基礎がしっかりするまでは，支払手形の振出しは控えたいものです。

　新宿商事の支払手形は，前の期に比べると，約2倍になっています。

　期日には，しっかり落とせるのでしょうか。

ちょっと，心配です。

2 買掛金

◆買掛金も債務のひとつ

買掛金も，重要な仕入債務のひとつです。
よく，「あの会社は無借金経営だ」ということが言われたりします。
ところが，実際は，無借金とはいえない場合が多いのです。
会社を経営する以上，買掛金や未払金などの負債は必ず発生します。
決算期末に，これらの科目がゼロ，という会社はまずありません。
買掛金も債務のひとつ，こういうことです。

◆買掛金と未払金

ところで，買掛金と未払金の違いは，どこにあるのでしょうか。
まず，商品などを掛けで仕入れた場合は，買掛金となります。
これに対し，車両や備品などを購入し，決算期末の時点で，まだ支払いが済んでいない，こういう場合は，未払金となります。
ポイントは，その会社の主たる営業活動にかかわりがあるかないか，です。
新宿商事の買掛金は，
　　　　（N＋1）期　　60百万円
　　　　　　N　期　　48百万円
増加額にして12百万円ですが，仕入れの増加率からすると，それほど高いということはありません。
むしろ，さきほどの支払手形の増加率のほうが気になります。
おそらく，膨大な買掛金を支払手形で支払ってしまった，ということ

なのでしょう。

3 借入金

◆1年以内の借入金は「短期借入金」

みなさんは，「負債」といえば，なにを思い浮かべるでしょうか。

おそらく，まず頭に浮かぶのは，「借入金」だと思います。

この借入金は，1年基準によって，短期借入金と長期借入金とに区分されます。

したがって，返済期限が1年以内の借入金は流動負債に短期借入金，として表示されます。

また，短期借入金には，長期借入金が含まれることもあるのです。

長期借入金は，通常，分割払いです。

ということは，たとえ最終の返済期限が10年先でも，決算期から1年以内に返済しなければならない金額もあるはずです。

このような長期借入金のうち1年以内に返済しなければならない部分の金額は，短期借入金として，流動負債に計上されるのです。

ところで，新宿商事には，（N＋1）期に長短あわせて270百万円の借入金があります。

N期は171百万円ですから，約100百万円も増えています。

ここで，借入金が多すぎないかどうか，次の計算をしてみたいと思います。

$$借入金依存度 = \frac{短期借入金＋長期借入金＋割引手形}{総資産}$$

借入金依存度は，総資産がどれくらいの有利子負債，すなわち借入金

によってまかなわれているか，ということをチェックするための指標です。

長短の借入金と割引手形が分子，です。

流動資産の受取手形のところで，欄外に注記されている割引手形の説明をしました。

手形を割り引くという行為は，資金の調達という観点からは，借入金と同じ効果をもたらします。

したがって，上記の計算をする場合には，借入金に割引手形の金額も加えて計算します。

◆借入金依存度はどれくらい？

新宿商事の数字を使って確認してみましょう。

　　　（N＋1）期　　67.5％
　　　　N　　期　　60.5％

新宿商事の借入金依存度は，60％を超えてしまっています。

売上高が増加しているにもかかわらず，借入金の総資産に占める割合がさらに増えています。

ということは，借入金や，それに伴う金利負担が相当重くなっていることがうかがえます。

借入金依存度は，20～30％前後を目安にするとよい，と思われます。

Checkpoint 4

借入金依存度（平成24年　中小企業庁「中小企業実態基本調査」）
　　全業種平均　　　41.0％
　　製造業平均　　　36.6％

新宿商事は60％を超えていますので，かなり要注意です。

4 未払法人税等

◆未払法人税等の対象となる税金とは

新宿商事は，（N＋1）期に3百万円の未払法人税等を計上しています。

この未払法人税等に計上される税金には，

　　法人税
　　住民税
　　事業税

があります。

これらの税金は，いずれも，会社の利益に対して課されるものです。

それでは，"未払"法人税等とは，いったいどのようなものなのでしょうか。

◆税金を納めるタイミングはいつ？

新宿商事の決算は，3月31日です。

定時株主総会は，6月に開催されます。

この定時株主総会で承認されて，はじめて，決算書が最終的に確定するのです。

税金の額は，この確定した決算書に基づいて計算されます。

つまり，株主総会が終わらなければ，会社が納めなければならない税金の額も，確定しないのです。

したがって，当期の税金は，当期末の3月31日では確定せず，株主総会が終わる6月，すなわち翌期になってから確定し，納付されるので

す。

　そうすると，当期に支払う税金は，前期にかかわる税金，こういうことになります。

　言い替えれば，

　　　前期の利益に対して課された税金が，当期の費用になってしまう

ということです。

　これでは，前期の利益が多ければ多いほど，当期に納める税金が多くなり，その結果，当期の費用が多くなってしまい，当期の利益は減ってしまいます。

　これは，少し不合理です。

　そこで，前期分の税金は，前期の損益計算書で，あらかじめ前期の費用として落としておき，当期の費用とはしないようにすることが必要です。

　つまり，当期の決算書をつくるときに，当期が負担すべき税金をあらかじめ差し引いておくのです。

　このようにして，あらかじめ差し引いたということを貸借対照表の負債の部に示したものが，ほかならぬ未払法人税等なのです。

5 賞与引当金

　流動負債の最後は，**賞与引当金**です。

　引当金というと，流動資産のところですでにご説明しました貸倒引当金のほか，賞与引当金や，退職給付引当金などが一般的です。

　すでに貸倒引当金のご説明はいたしましたが，この引当金という考え方をしっかりと理解していただくために，もう一度，簡単な例によって，考えてみましょう。

4月，5月，6月の3か月，それぞれ月次決算をする，とします。説明の都合上，毎月，社長が交代することにします。

4月社長，5月社長，6月社長の3人の社長の登場，です。

各月とも，

　　収益　　10百万円
　　費用　　 6百万円

とします。

4月，5月，6月のそれぞれの損益計算書は，

	損益計算書		（単位：百万円）
費　　用	6	収　　益	10
当月利益	4		

となります。

3人の社長とも，それぞれ4百万円の利益をあげたわけです。

ところが，6月末になって，4月，5月，6月の3か月分の賞与をまとめて3百万円支払いました。

6月の社長の損益計算書はどうなるでしょうか？

賞与は，もちろん経費ですから，6月社長は，賞与を支払った結果，

	6月の損益計算書		（単位：百万円）
費　　用	6	収　　益	10
賞　　与	3		
当月利益	1		

と変わります。

利益が4百万円から1百万円に減少してしまいました。

しかし，このような処理は，6月社長にとって，少しかわいそうだとは思いませんか？

6月社長が支払った賞与は，4月，5月，6月の3か月分のものであり，6月社長が費用として負担すべきものは，そのうちの3分の1でよいのではないでしょうか。

　　4月社長が，1百万円。

　　5月社長も，1百万円。

そして，6月社長も1百万円，このように賞与を費用として負担してもよいはずです。

そこで，4月社長の損益計算書を書き直してみますと，

4月の損益計算書　　（単位：百万円）

費　　用	6	収　　益	10
賞与引当金繰入	1		
当月利益	3		

賞与1百万円を4月社長の費用として落としています。

「賞与引当金繰入」という科目は，賞与を費用として落とした，ということの表現です。

そうすると，それに伴って，貸借対照表に，

4月末の貸借対照表　　（単位：百万円）

	賞与引当金	1

と，**賞与引当金**の登場です。

つまり，賞与引当金とは，賞与1百万円が，すでに，損益計算書上で費用として計上されている，利益からマイナスされている，このことの

貸借対照表のうえでの表示なのです。

　貸借対照表に賞与引当金が1百万円あるということは，賞与1百万円が，すでに，費用処理済である，利益からマイナスされている，こういうことを意味しているのです。

　けっして，賞与の支払いのための現金1百万円が，特別に金庫の中に実際に用意されている，そういうことではありません。

　それでは，5月社長の損益計算書と貸借対照表はどうなるのでしょうか？

5月の損益計算書　　（単位：百万円）

費　　用	6	収　　益	10
賞与引当金繰入	1		
当月利益	3		

となることは，すぐにおわかりいただけるでしょう。

　問題は，貸借対照表です。

　5月社長の貸借対照表は，どうなるのでしょうか？

5月末の貸借対照表　　（単位：百万円）

	賞与引当金	（　？　）

　5月において，賞与として費用処理したのは，1百万円です。

　しかし，すでに4月においても，1百万円費用処理していましたから，合計で2百万円がすでに賞与として費用処理済である，ということになります。

　賞与引当金は，2百万円。

　したがって，5月社長の貸借対照表は，

5月末の貸借対照表　（単位：百万円）

	賞与引当金　　　2

となるのです。

　もう一度は，繰り返しますと，貸借対照表の賞与引当金2百万円とは，賞与として，すでに費用処理された金額が2百万円である，賞与として利益からマイナスされた金額の合計が2百万円である，こういうことを意味しているのです。

　では，6月社長の損益計算書と貸借対照表を書いてみましょう。

　特に，貸借対照表を間違えないようにしてください。

6月の損益計算書　（単位：百万円）

費　　用	6	収　　益	10
賞与引当金繰入	（　）		
当月利益	（　）		

6月末の貸借対照表　（単位：百万円）

	賞与引当金　　（　　）

　賞与引当金繰入れは，1百万円，

　賞与引当金は，3百万円，こうなります。

　くどいようですが，賞与引当金3百万円ということは，すでに費用処理された賞与の合計が3百万円ある，ということです。

　さて，いよいよ6月社長が賞与を現金で実際に支払うときがきました。

　金庫の中に4百万円の現金があった，とします。

金庫の中に4百万円の現金があるということと，賞与引当金が3百万円あるということとは，まったく関係がありません。

　賞与引当金が3百万円あっても，金庫の中はカラッポ，ということもありうるわけです。

　こういうときには，6月社長は，銀行へ行って手形を割り引くなり，借入れをするなりして，資金を調達しなければならなくなります。

　いずれにせよ，**賞与引当金は，現金の存在とは無関係，**です。

　さて，6月社長は，賞与3百万円を現金で支払いました。

　賞与を支払う直前の貸借対照表と損益計算書は，こうなっています。

6月末の貸借対照表（賞与支給前）　（単位：百万円）

現　　金	4	賞与引当金	3

6月末の損益計算書（賞与支給前）　（単位：百万円）

費　　用	6	収　　益	10
賞与引当金繰入	1		
当月利益	3		

　賞与を支払うと，この貸借対照表と損益計算書は，どのように変わるのでしょうか？

　今度は，損益計算書に注意してください。

　賞与という経費を支払ったからといって，

6月の損益計算書（賞与支給後）　（単位：百万円）

費用	6	収益	10
賞与引当金繰入	1		
賞与	3		
当月利益	0		

とは，なりません。

　たしかに，現金で賞与を支払いましたが，この支払った3百万円の賞与は，すでに，4月，5月，6月の3か月間にわたり，費用として処理済み，なのです。

　賞与引当金が3百万円あるということは，賞与3百万円がすでに費用処理済みである，ということを表しているのです。

　損益計算書は，あくまでも，

6月の損益計算書（賞与支給後）　（単位：百万円）

費用	6	収益	10
賞与引当金繰入	1		
当月利益	3		

のまま，なのです。

　支払った賞与を，6月の費用としてはいけない，のです。

　6月社長が支払った賞与3百万円を，全額，6月社長の負担とする不公平を避けるために，3か月間にわたって，わざわざ賞与引当金を設定してきたのですから。

　それでは，貸借対照表はどうなるのでしょうか？

```
          6月の貸借対照表（賞与支給後）（単位：百万円）
  現　金       1（＝4－3） │ 賞与引当金       0（＝3－3）
```

こうなるのです。

賞与引当金とは，賞与の費用処理済額，です。

そして，それは，現実に賞与が支払われたことによって，その使命を終了し，ゼロになります。

そして，次の7月社長の損益計算書と貸借対照表は，

```
           7月の損益計算書      （単位：百万円）
  賞与引当金繰入        1 │
```

```
           7月末の貸借対照表    （単位：百万円）
                    │ 賞与引当金        1
```

となって，新しい賞与引当金が誕生し，これが12月に支払われることによって，またゼロになる，のです。

こうして，賞与引当金は，生まれてはゼロになり，また生まれてはゼロになって，延々と続いていくのです。

たとえば，この会社が，9月決算だとします。

9月末の貸借対照表はどうなるでしょうか？

もちろん，

```
           9月末の貸借対照表    （単位：百万円）
                    │ 賞与引当金        3
```

こうなります。

7月，8月，9月の3か月分の合計が，賞与引当金3百万円として，表示されるわけです。
　新宿商事の賞与引当金は，7百万円。
　これは，当期が負担すべき賞与の額として，当期の損益計算書で経費として処理済みの額が7百万円である，こういうことです。
　けっして，賞与支給のための7百万円の現金残高があるわけではないのです。
　賞与引当金は，会社の支払能力とはまったく関係なく，利益を減らす効果を持っているものだ，このことがおわかりいただけたと思います。
　したがって，みなさんが，今後，決算書を読むときは，貸借対照表の負債の部に，賞与引当金や退職給付引当金がしっかり計上されているかどうか，十分目を光らせていただきたいと思います。
　もし，これらの引当金の計上がないような会社であれば，その会社は，それだけ甘い決算を組んでいる，ということです。

6 長期借入金

◆長期借入金の使いみち

　負債の部の最後は，**長期借入金**です。
　短期借入金のところですでにご説明したとおり，借入金は，1年基準によって区分されます。
　したがって，長期借入金は，返済期限が決算期末から1年を超えてやってくるものばかりです。
　さて，長期借入金で問題となるのは，その使いみちです。
　賞与や税金の支払いは，毎期，必ず発生するものです。
　これらの資金を借り入れた場合，その借入金は，短期間で返してしま

わなければなりません。

ところが，設備資金となると，話は違ってまいります。

設備投資をしても，それが売上げに結びついて，設備投資資金を回収するまでには，相当な時間がかかります。

これを短期間で返済しようとすれば，無理が生じてしまいます。

確実な計画に基づいて，無理のない返済を心がける必要があります。

つまり，

　　　短期借入金は，運転資金

　　　長期借入金は，設備資金

であることが望まれるわけです。

新宿商事の長期借入金は，

　　　（N＋1）期　　60百万円

　　　　N　　期　　36百万円

前期に比べて24百万円，66.7％の増加です。

その使いみちは，いったいどのようになっているのでしょうか？

◆隠れた債務も忘れずに

負債の部は，これで終わりですが，まだ注意しなければならないことがあります。

それは，貸借対照表には表れてこない債務，です。

　　　保証債務

が，これに該当します。

買掛金や支払手形，あるいは銀行借入金などは，貸借対照表に計上されます。

これに対し，割引手形は，貸借対照表の欄外に注記することになって

います。

　この割引手形と同様に，保証債務は貸借対照表に注記されることになっています。

　債務を保証する，ということは，債務のある人が債務を支払えなくなった場合には，代わって債務を支払う，ということです。

　債務を肩代わりしなければならないのですから，立て替えた金額を回収する見込みはほとんどないわけです。

　そこで，会社法は，**保証債務の注記**，を義務づけています。

　保証債務は，いつ自己の債務として，肩代わりせざるを得なくなるかもしれません。

　貸借対照表の裏にひそむ，いわば，隠れた借入金，なのです。

　みなさんも，貸借対照表に計上されている債務のほかにも，このような隠れた債務があることを，ぜひ覚えておいてください。

EXERCISE 練習問題

問題1 総資産500百万円の会社において，短期借入金100百万円，長期借入金50百万円，割引手形20百万円である場合の，"借入金依存度"を求めなさい。

問題2 設備投資にあたり調達すべき資金は，短期借入金と長期借入金とでは，どちらが望ましいでしょうか。また，それはなぜですか？

☞解答は229ページにあります。

第2章 貸借対照表の見方・読み方

III 純資産の部を読みこなす

◆純資産の部の中身

純資産の部は，大きく，

　　　株主資本

として，

　　　資本金

　　　資本剰余金

　　　利益剰余金

の3つに分類されます。

純資産の部には，株主資本のほかにも，

　　　評価差額金等

　　　新株予約権

といった項目もありますが，特殊なケースになりますので，ここでは省略します。

◆純資産の部の見方

それでは，これからあらためて純資産の部の中身についてに見ていきますが，その前に，純資産の部を読むにあたって，大切なチェックポイントがあります。ぜひ，これを，覚えておいてください。まず，

　　　純資産合計の金額がプラスであること

です。当然のことですが，万が一マイナスとなってしまうと，いわゆる

債務超過の状態となります。すなわち,

　　　　負債＞資産

の状態です。こうなると,上場会社であれば上場廃止,非上場会社でも銀行などの金融機関が引き上げていくことになるでしょう。

　そして,第2のチェックポイントは,

　　　当期の純資産合計の金額が前期の純資産合計の金額よりも増えている

ということです。

　これによって,その会社が,赤字耐久力を増しているのかどうか,分かります。それでは,当期の純資産合計を,前期の純資産合計より増やすためには,どのような方法があえるでしょうか？

　まず,そのひとつとして,

　　　　増資

があります。

　資本金そのものを増加させる方法,です。

　そして,もうひとつの方法は,

　　　　利益を増やす

ことです。

　利益をあげて赤字耐久力をつけていく,これこそ会社の本来の姿といえるでしょう。ところが,利益は増えているのに,純資産合計が減ってしまっている,という場合があります。これはどういうことでしょうか？

　これは,利益を上回って,配当をしたりしている場合,です。

　これは,好ましいことではありません。

1 資本金

◆資本金より借入金のほうがお得？

会社の規模，スケールを判断するモノサシは，いろいろあります。

　　総資産の金額
　　売上高
　　従業員数
　　資本金

これらが大きければ大きいほど，大会社と言われます。

とりわけ，わが国では，資本金の大小をもって，会社のスケールを判断する風潮が強いように思われます。

資本金の大きい会社は，たしかに，総資産も，売上高も，従業員数も，比例して大きい，ということがいえます。

となると，資本金の大きさは，会社の信用力に直結してきます。

ところが，です。

こと資本金に関しては，「資本金を大きくしたところで意味がない。」と考えている経営者の方々が，案外多いのです。

その理由のひとつは，法人税の存在，です。

たとえば，いま仮に，A氏とB氏の2人が，それぞれ20百万円の現金を元手に，新しく株式会社を設立した，としましょう。

A氏は，20百万円のすべてを資本金とし，資本金20百万円のA株式会社を設立しました。

B氏は，10百万円だけを資本金とし，残りの10百万円をB株式会社に貸し付ける形をとりました。

A社，B社の設立時の貸借対照表は，次のとおりです。

A社の貸借対照表

現金預金	20百万円	資 本 金	20百万円

B社の貸借対照表

現金預金	20百万円	借 入 金	10百万円
		資 本 金	10百万円

誰の目にも，A社のほうがB社よりスケールが大きい，と映ります。それだけA社のほうが信用も増します。

にもかかわらず，B社のような考え方の社長さんが多いのも，事実です。

その理由は，次のとおりです。

A・B両社の利益が，仮に，どちらも年間600万円，とします。

税率が40％だとすると，A社の税金は240万円，です。

ところが，B社は，B氏からの借入金に金利を支払わなければなりません。

借入金の利率を5％としますと，

　　10百万円×5％＝50万円

この支払金利は，会社にとってみれば費用ですから，金利を支払った後の会社の利益は，550万円。

したがって，B社の税金は，

　　550万円×40％＝220万円

さきほどのA社と比べて，20万円の差がつきました。

A氏が，会社から50万円に見合う金額を受け取ろうとすれば，配当，という方法しかありません。

そして，会社が株主にいくら配当を支払おうと，配当は経費にはなり

ませんから、いずれにしても、6百万円の利益は、まるまる税金の対象となってしまうことになります。

これが、「資本金より借入金が有利」という発想です。

いわゆる「借金経営のすすめ」の考え方です。

しかし、事業の規模が大きくなればなるほど、このような考え方が通用しなくなるのは当然、といえます。

ところで、新宿商事の資本金は、

　　（N＋1）期　　40百万円
　　　　N　期　　30百万円

10百万円増えています。

すなわち、増資が行われたわけです。

増資を行い、株主資本の充実を図ることは望ましいことですが、新宿商事の状況を考えると、少し物足りない気がします。

なにしろ、借入金は、長短あわせて約100百万円増加しています。

これに比べて、資本金の増加はたったの10百万円。

焼け石に水、という感じさえします。

2 資本剰余金

新宿商事の貸借対照表には、資本剰余金として、

　　資本準備金

が計上されています。

同じように、利益剰余金の中には、

　　利益準備金

が計上されています。

これらは，
　　　法定準備金
といって，文字どおり，会社法によって積立てが強制されている準備金のことです。

◆**資本準備金とは**

資本準備金は，多くの場合，
　　　株式払込剰余金
を表しています。

株式払込剰余金は，簡単にいうと，新株を発行した場合における，
　　　株式の発行価額－資本金に組み入れた金額
ということになります。

会社法は，原則として，株式の発行価額の全額を資本金に組み入れることとしています。

たとえば，株式を総額3,000万円で発行した，とします。

資本金に組み入れなければならない部分は，原則として3,000万円です。

つまり，株主が払い込んだ金額全部を資本金とすることが原則です。

ちなみに，そのときの貸借対照表は，

貸借対照表

現　　金	3,000万円	資　本　金	3,000万円

となります。

ただし，特例として，株式の発行価額のうち，2分の1，つまり半分以下の金額は，資本金に組み入れなくてもよい，と認めているのです。

そこで，3,000万円のうち，1,500万円を資本金に組み入れたとすると，残りの1,500万円は「株式払込剰余金」として，資本準備金に計上されることになります。

そのときの貸借対照表は，

貸借対照表

現　　金	3,000万円	資　本　金	1,500万円
		資本剰余金	
		資本準備金	1,500万円

つまり，資本金への組入額は，1,500万円から3,000万円の範囲で，会社が自由に決めることができるのです。

この取扱いは，特例です。

原則は，あくまでも，**全額を資本金に組み入れる**，です。

しかし，実務上は，ほとんど，特例によっています。

3 利益剰余金

◆利益準備金は資本金の4分の1まで

さて，新宿商事の貸借対照表には，利益準備金が6百万円計上されています。

会社法では，会社が株主に現金で配当する場合など，会社が剰余金の処分により支出する金額があるときには，その金額の**10分の1**を利益準備金として積み立てなければならない，と定めています。

剰余金の処分については，のちほど，じっくり勉強します。

ここでは，会社が剰余金処分をした結果，社外に出ていく金額があるときは，必ず，その金額の10分の1を積み立てなければならない，とい

うことをおさえてください。

　こうすると，配当するたびに，利益準備金は増えていくことになります。

　しかし，積み立てるのは，**利益準備金の合計額が資本金の4分の1に達するまで，**です。

　利益準備金の合計は，資本金の4分の1で頭打ち，なのです。

　この場合において，もう1点注意することがあります。

　資本準備金が計上されている会社については，その積立てをしなければならない金額は，

　　　資本準備金と利益準備金の合計額

が，資本金の4分の1に達するまで，となります。

　新宿商事についていえば，資本準備金の金額が5百万円，利益準備金の金額が6百万円，合計すると11百万円，資本金の金額が40百万円ですから，すでに4分の1を超えています。

　したがって，今後，利益準備金を積み立てる必要はない，ということになります。

　いろいろな会社の決算書を見てみますと，すでに利益準備金が資本金の4分の1に達している，という会社が数多く見られます。

　こういう会社は，今後増資をしない限りは，配当のたびごとに利益準備金を積み立てる必要がないわけです。

　ところが，しばしば，資本金の4分の1を超えて利益準備金を計上してしまっている会社を見かけます。

　極端な例では，資本金10百万円，利益準備金10百万円，というような場合もあります。

　利益をできるだけ内部に留保しておこう，という会社の方針なので

しょう。

　それはそれで大変結構なことだ，とは思います。

　けれども，会社法は，利益準備金は資本金の4分の1まででよい，としています。

　逆の言い方をすれば，**4分の1を超えてはならない**，のです。

　したがって，資本金が10百万円の会社は，250万円の利益準備金を積み立てれば，もう，それで十分なのです。

　みなさんが，このような貸借対照表をみたときは，利益準備金のうち，4分の1を超えてしまっている部分の金額，すなわち750万円は，「その他の利益剰余金」と読み替えてください。

　できれば，このような利益準備金の超過額は，なるべく早いうちに，剰余金に振り替えてしまうことが望ましいといえます。

　せっかく，内部留保の多い，立派な財務内容の会社なのに，決算書がお粗末，ということにもなりかねません。

◆**別途積立金の性格**

　別途積立金は，剰余金処分によって，繰越利益剰余金から積み立てられます。

　積み立てるといっても，**特別の預金をつくるわけではありません**。

　したがって，別途積立金の金額は，会社の支払能力とは直接関係しません。

　会社内部に留保されている利益のうち，「別途積立金」という名前がつけられた利益，と考えれば，わかりやすいと思います。

　かつては繰越利益剰余金であったものが，剰余金処分によって，別途積立金という名前に変わったもの，というわけです。

剰余金処分については、もう少しあとで説明します。
ここでは、別途積立金とは、
　　すでに法人税が課税済みの利益を、別途積立金という名前をつけて会社内部に留保している
ということを、理解してください。
新宿商事の別途積立金は、
　　（N＋1）期　　3百万円
　　　N　期　　2百万円
（N＋1）期において、新たに剰余金処分により、別途積立金を1百万円積み立ててたことがわかります。

◆繰越利益剰余金と当期純利益金額の関係
繰越利益剰余金は、それぞれの事業年度における当期純利益金額の積み上げです。
つまり、前の期から繰り越されてきた利益の総額に、当期の純利益を加えたものが、
　　繰越利益剰余金
となるわけです。

◆赤字会社と債務超過
ここで、赤字会社のことについて、ふれておきたいと思います。
債務超過とか、累積赤字というのは、会社がどのような状態のことをさすのでしょうか？
純資産の部の中の利益剰余金は、過去に蓄積された利益プラス当期の利益を表しています。

では、この場合において、とりあえず利益準備金は除いて考えるとして、過去の蓄積ゼロ、当期は5百万円の赤字、という場合はどうなるでしょうか？

貸借対照表	（単位：百万円）
負債合計	20
純資産合計	5
資本金	（　10）
利益剰余金	（△　5）
負債・純資産合計	25

当然、過去の利益がゼロで、当期の利益がマイナスであれば、上記のように利益剰余金としては、△5と表示されることになります。

このように、利益剰余金がマイナスで表示される場合のことを、

資本の欠損

といい、赤字の額が資本金に食い込んでしまっている状況を表します。

ただし、さきほどの例では、利益準備金がないものとして説明しました。

会社が資本の欠損の状態にあるかどうかについては、利益準備金がある場合には、注意が必要です。

なぜなら、資本の欠損とは、つぎの①の金額が、②の金額を下回っている状態をいいます。

　①　会社の純資産額（資産合計－負債合計）
　②　資本金＋資本準備金＋利益準備金

これはつまり、別の見方をすれば、利益剰余金の金額のうち、利益準備金を除いた金額の合計額がマイナスになっていれば、それは資本の欠

損ということになるわけです。

そして、具体的に資本の欠損の金額とは、①の金額が②の金額を下回る場合の、その下回る金額のことをいうわけです。

次に、さきほどと同じ設例で、こんどは過去の蓄積ゼロ、当期は15百万円の大幅な赤字、というケースを見てみましょう。

さきほどと同様、利益準備金については考えないものとします。

貸借対照表　　　　　　　（単位：百万円）

	負債合計	20
	純資産合計	△ 5
	資本金	(10)
	利益剰余金	(△15)
	負債・純資産合計	15

この状態が、いわゆる、**債務超過**、なのです。

つまり、

　　純資産の部の合計金額が、マイナスになっている。

すなわち、

　　負債のほうが資産よりも多くなっている。

という状態が債務超過、なのです。

負債・純資産合計は、イコール資産合計です。

ということは、

　　資産合計　　15百万円

　　負債合計　　20百万円

このように、貸借対照表上、資産よりも負債のほうが多くなってしまっている、ということを意味します。

資本の欠損となれば，株主にとっても，ゆゆしき問題です。

これがさらに債務超過ともなると，株主，債権者を含めたところの会社全体の，まさにゆゆしき事態を迎えた，こういうことになるのです。

EXERCISE 練習問題

問題1 利益準備金を積み立てなければならない要件は何ですか？

問題2 "債務超過"とは，どのような状態のことをいいますか。

☞解答は229ページにあります。

第3章 損益計算書の見方・読み方

第3章　損益計算書の見方・読み方

Ⅰ 経常損益計算の部を読みこなす

　新宿商事の損益計算書を見てみますと，一番大きな数字は，

　　売上高

です。

　売上高の数字は，

　　　　（N＋1）期　　　750百万円

　　　　　N　　期　　　525百万円

225百万円の増収です。

　では，損益計算書で一番重要な数字はどれでしょうか？

　それは，

　　経常利益

です。

　経常利益の数字は，

　　　　（N＋1）期　　　3百万円

　　　　　N　　期　　　61百万円

約60百万円の減益です。

　なにか，おかしな感じです。

　それでは，損益計算書の中身を，具体的に見ていくことにしましょう。

1 営業損益計算

1 売上高

◆売上高は，いつ計上するか

損益計算書のトップに登場するのが，売上高です。

売上高は，会社の本業に関する営業努力の成果，を表しています。

商品とか製品の販売高はもちろん，運送会社の運送収入，不動産会社の賃貸収入なども，損益計算書のトップにきます。

つまり，売上高は，会社の最も重要な収入源であるわけです。

新宿商事の売上高は，

　　　（N＋1）期　　750百万円

　　　　　N　期　　525百万円

225百万円，約42.9％の増加です。

経済環境が不安定な昨今において，これだけ成長すれば，立派なものです。

このように，

　　　当期売上高　＞　前期売上高

であることを，

　　　増　収

といいます。

新宿商事は，当期かなりの増収，ということがいえます。

この売上高で，注意していただきたいポイントがひとつあります。

それは，"売上げ"をどこの時点で計上しているか，という点です。

現金商売ならともかく，掛売りが圧倒的多数を占めるわが国の会社では，売上げを計上できるポイントが，いくつかに分かれます。

決算日の売上げなのか，あるいは翌日の売上げなのか，たった1日の違いによって，会社が計上する利益も変わってきてしまいます。

たとえば，商品の販売を例にとってみましょう。

通常の販売サイクルは，次のとおりです。

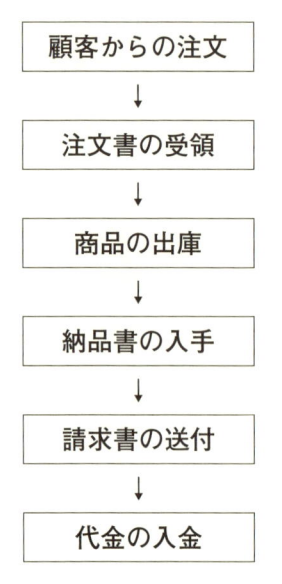

```
顧客からの注文
    ↓
注文書の受領
    ↓
商品の出庫
    ↓
納品書の入手
    ↓
請求書の送付
    ↓
代金の入金
```

このように，売上げを計上できるポイントは，多岐にわたります。

はたして，どの時点をとらえて売上げを計上すべきでしょうか？

実は，どの時点で計上しなければならない，という基準はなく，いずれを選択するかは，会社の任意なのです。

会社には，会社の実情があります。

注文書が送られてくれば，売上げが成立することは間違いない，という会社もあるでしょうし，商品の検収が終わるまで，売上げを計上するのは控えたほうがよい，という会社もあるでしょう。

　どの時点を採用するにせよ，売上げを計上してもよほどのことがない限り，返品とか売上取消しといった事態は起きない，という時点で，計上すればよいわけです。

　さて，この売上計上基準で問題となるのは，会社が従来採用してきた基準を変更してしまう場合，です。

　さきほどの販売サイクルを見てみましょう。

　流れの下にいくほど，売上計上時期は，遅くなります。

　つまり，

　　辛い決算

を組むことになるのです。

　今まで，納品書を受け取った時点で売上げを計上していた会社が，商品を出庫した段階で売上げを計上する基準に変更した，としましょう。

　売上げは，早目に計上されることになります。

　すなわち，

　　甘い決算

に移行したことになるのです。

　したがって，販売サイクルの上から下に売上計上時期を変更する場合は問題ありませんが，下から上というように，逆行する基準の変更は，その変更の理由について，十分注意を払う必要があります。

2 売上原価

◆**損益計算書のながれ**

売上高の次にくるのが，売上原価です。

売上原価とは，文字どおり，販売された商品の原価，すなわち，売上高に貢献した商品の取得原価のことです。

そして，売上高から売上原価の金額を差し引いたものを，一般的に，

粗利益(あらりえき)

と言っています。

粗利益とは，**売上総利益金額**のことです。

では，売上原価は，どのように計算するのでしょうか。

仕入高とは，どう違うのでしょうか。

新宿商事の（N＋1）期の損益計算書をご覧ください。

```
    2   売上原価                （単位：百万円）
          期首商品たな卸高      75
          当期商品仕入高       555
             合計              630
          期末商品たな卸高    △150      480
```

売上原価は，このように表示されています。

つまり，売上原価を計算するためには，

　　期首商品たな卸高

　　当期商品仕入高

　　期末商品たな卸高

の3つの数字が必要とされます。

◆仕入と売上原価の違い

　ここでは，"仕入"と"売上原価"の違いについて，しっかりと理解していただくために，簡単な事例を使って説明します。

　たとえば，次のような取引があったとします。

【取引事例1】

　　　　1個1,000円の商品を，1個仕入れ，

　　　　これを，単価1,500円で，1個販売した。

　非常にシンプルな事例ですね。

　ここで，みなさんに質問です。

　商品を1,500円で販売したわけですが，この場合における仕入高はいくらでしょうか。

　そうです，もちろん1,000円ですね。

　では，売上原価はいくらでしょうか。

　売上原価とは，売上高に貢献した原価部分のことです。

　これも簡単ですね。

　そのとおりです，やはり，1,000円です。

　では，次の事例です。

【取引事例2】

　　　　1個1,000円の商品を，10個仕入れ，

　　　　これを，単価1,500円で，1個販売した。

　こちらも，商品を1,500円で販売したわけですが，この場合の仕入高はいくらでしょうか。

　みなさん，間違えないでくださいね。

　この場合の仕入高は，あくまで，

　　　　1個1,000円×10個＝トータル10,000円
です。

　では，売上原価はいくらでしょうか。
　さきほども申し上げたように，売上原価とは，あくまで，売上高に貢献した原価部分のことです。
　そうすると，販売された商品は，あくまで1個ですから，この1個に対するコストはいくらか，このように考えるわけです。
　もうおわかりですね。
　この場合の売上原価は，1,000円です。
　結果として，さきほどの事例と同じになるわけです。

　取引事例1と2との違いは，仕入れた商品の数量だけであり，売上高は，いずれも1,500円でした。
　同じ商品を，同じ数量だけ販売したわけですから，その場合の利益も当然に同じにならなければおかしいわけです。
　これらを損益計算書に表すと，
　　売 上 高　　　　　1,500
　　売上原価　　　　　1,000
　　粗 利 益　　　　　　500
　このようになります。
　さらにこれをくわしく表すと，

【取引事例1】

売 上 高		1,500
売上原価		
期首商品たな卸高	0	
当期商品仕入高	1,000	
期末商品たな卸高	0	1,000
売上総利益金額		500

【取引事例2】

売 上 高		1,500
売上原価		
期首商品たな卸高	0	
当期商品仕入高	10,000	
期末商品たな卸高	9,000	1,000
売上総利益金額		500

このようになります。

両者の違いは，一目瞭然です。

とりわけ，取引事例2の"当期商品仕入高"と"期末商品たな卸高"に注目してください。

取引事例2における"仕入高"は，さきほども確認したように，10,000円です。

これに対し，売上高に貢献した"売上原価"は，1,000円でした。

これを損益計算書では，どのように表しているのでしょうか。

そこで，売上原価のながれを確認してみます。

"期首商品たな卸高"とは，前の期の売れ残り，すなわち，前期から繰り越されてきた商品，を表しています。

ちなみに，この事例では，繰り越された商品はゼロとなっています。

この期首商品たな卸高に，当期中の商品仕入高を加え，
　　0円＋10,000円＝10,000円
となります。
　損益計算書では，ここから期末商品たな卸高を差し引きします。
　　10,000円－9,000円＝1,000円
　このようにして，売上原価1,000円は計算されているのです。

　さきほどの事例は，非常にシンプルなものでしたので，売上高1,500円に対する売上原価は，すぐに，1,000円と判明しました。
　しかし，会社は日々，多くの種類の商品を，それこそ，数え切れないほど販売しているわけです。
　このような売上に対する原価を，すぐに計算することは非常に難しいことです。
　そこで，損益計算書では，まず，期末時点における実際のたな卸高（＝期末商品たな卸高）をとらえ，これを，当期においてカウントされた金額（＝期首商品たな卸高と当期商品たな卸高を加えた金額）から差し引くことによって，つまり，実際に残っている残高を差し引き，逆算することによって，当期において減少した金額（＝売上原価）を計算しているのです。
　この事例では，10個の商品を仕入れ，このうち1個だけ販売したわけですから，当然，9個の商品が残っていることがわかります。
　つまり，（＠1,000円×9個＝9,000円）が，損益計算書の"期末商品たな卸高"として表されているわけです。
　期末商品たな卸高は，まだ販売されたわけではなく，売れ残っている商品です。

つまり，売上高にはいまだ貢献していないわけです。

これを，売上原価として認識してはいけないのです。

　　"仕入"と"売上原価"

みなさんが，会計を勉強するうえで，この両者の違いを理解することは，とても重要です。

損益計算書におけるこのしくみを，絶対に忘れないでください。

新宿商事の（N＋1）期の売上高は，750百万円。

売上原価は，480百万円。

すなわち，この1年間，毎日，得意先に向けて出荷していた商品を，売値で集計すれば750百万円，買値で集計すれば480百万円だったわけです。

ところで，損益計算書の売上原価のところと，貸借対照表の流動資産のそれぞれに，あるひとつの共通の数字があることに，お気づきでしょうか？

新宿商事のN期の売上原価の欄を見てください。

期末商品たな卸高として，75百万円計上されています。

次に，N期の貸借対照表の流動資産を見てください。

商品として，同じく75百万円計上されています。

同じ金額です。

でも，よく考えてみれば，当たり前のことです。

損益計算書の**期末商品**たな卸高も，貸借対照表の流動資産に計上されている**商品**も，いずれもN年3月31日に，実地たな卸をした結果の数字を計上しているのですから。

次に，（N＋1）期の数字に目を移してください。

(N＋1)期の損益計算書の売上原価のところで，期首商品たな卸高の金額は，前期末のたな卸高75百万円がそのまま計上されています。
　これも，ごく当然の結果です。
　前期末は，当期から見れば当期首なのですから，同じ金額がこないほうがおかしい，こういうことになります。

　ここで，売上原価を計算するときの過程を，もう一度思い出してみましょう。
　さきほどの事例では，

　　期首商品たな卸高　当期商品仕入高　期末商品たな卸高　売上原価
　　　　0円　　　＋　　10,000円　　－　　9,000円　　　＝ 1,000円

ということでした。
　もし，ここで，期末時における9,000円にカウント間違いがあった場合，売上原価はどう動くでしょうか。
　たとえば，本当は9,000円あったにもかかわらず，片隅にあった1個を見逃してしまい，8個としてたな卸をしてしまい，8,000円としてしまった，というようなケースです。
　この場合の数字は，次のように変わります。

　　期首商品たな卸高　当期商品仕入高　期末商品たな卸高　売上原価
　　　　0円　　　＋　　10,000円　　－　　8,000円　　　＝ 2,000円

　売上原価が，2,000円になってしまいました。
　実際には，9,000円だったにもかかわらず，です。
　この例は，売上原価の金額と，期末商品たな卸高との関係を，はっきりと示しています。
　くわしく解説します。

期首商品たな卸高は，前期末において，実際にたな卸をして確認をした数字ですから，間違いありません。

そして，当期商品仕入高も，仕入伝票などから，10,000円（@1,000円×10個）の商品を仕入れたことに間違いはありません。

ところが，期末商品たな卸高については，注意が必要です。

期末のたな卸高が事実どおりであれば，それでよいのですが，もし実際より少なければ，売上原価はその分増えてしまいます。

そして，その分だけ，当期の利益も，実際よりも少なく計上されてしまうことになります。

逆に，期末たな卸高が，実際よりも多ければ，売上原価はその分だけ減ることになり，結果として，当期の利益は，実際よりも多く計上されてしまいます。

この関係を，しっかりと把握してください。

このように，期末商品たな卸高の決め方ひとつで，決算の数字は，さまざまに変化することになるのです。

これは，なにも，たな卸漏れの場合だけではありません。

たな卸資産の評価方法によっても，自由に動いてしまいます。

期末商品たな卸高は，

数量×単価

によって，計算されます。

この単価の決め方次第で，数字は千変万化します。

単価の決め方には，代表的なものとして，

先入先出法

総平均法

最終仕入原価法

の3つが,あげられます。

それぞれの説明は省略しますが,いずれにせよ,会社がたな卸資産の評価について,どういう方法を選択しているかを知ることは,その会社の決算に臨む姿勢をうかがううえでの貴重な判断資料になることは間違いありません。

ところで,新宿商事の売上原価は,
　　（N+1）期　　480百万円
　　　N　　期　　315百万円
165百万円,約52.4％の増加です。

売上高の増加が,約42.9％の伸びでしたから,売上高の伸びを上回って売上原価のコストがかかるようになってしまっていることが,はっきりとわかります。

3 販売費及び一般管理費

◆経費の中身

売上高,売上原価と進み,次は,**販売費及び一般管理費**です。

販売費及び一般管理費とは,

　　商品の販売及び一般管理業務に関して発生したすべての費用

をいいます。

要するに,いわゆる**経費**のことです。

新宿商事は,

	（N＋1）期	N 期
給料・賞与・退職金	126	75
広告宣伝費	38	23
交際接待費	15	9
減価償却費	33	18
旅費交通費	18	10
地代家賃	13	9
貸倒引当金繰入	2	3
賞与引当金繰入	3　　248	3　　150

　これらを，販売費及び一般管理費として計上しています。
　　（N＋1）期　　248百万円
　　　N　期　　150百万円
約100百万円，65.3％の増加です。
　やはり，売上高の伸び率よりも，経費の増加率のほうが大きくなっています。
　この調子ですと，大幅な増収にもかかわらず，営業利益の増加は，あまり望めないでしょう。
　販売費及び一般管理費の中で，最も大きな比重を占めるのは，なんといっても，**人件費**です。
　これは，新宿商事においても言えることです。
　販売費及び一般管理費のうち，実に，半分が人件費となっています。
　人件費というものが，会社の経営にとっていかに重い負担となっているか，が読み取れます。

◆1人当たりの人件費で考える

　人件費は，ふつう，毎年増加していきます。

　新宿商事の場合も，例外ではありません。

　ところで，人件費がふくらむ原因は，大きく分けて2つあります。

　1つは，従業員の人数の増加です。

　新規採用をどんどん行えば，当然，人件費は上がります。

　もう1つは，賃上げです。

　たとえ，新入社員がゼロであっても，毎年の賃上げによって，人件費は少しずつ増えていきます。

　通常は，この2つの要素がからみ合って，人件費の増加ということになるわけです。

　そういうことから考えると，人件費については，総トータルを比較するだけではなく，必ず，**1人当たりの人件費**という比較を，常に頭に置いて考える必要があります。

　そして，この場合には，年間の人件費ではなくて，年間の人件費を12分の1とした月間の人件費で計算したほうがよいでしょう。

　さて，新宿商事の場合はどうでしょうか。

　新宿商事の従業員数は，（N＋1）年3月期末で26名，N年3月期末で19名，です。

　まず，大幅に従業員数を増やしたことがうかがえます。

　そして，1人当たりの月間人件費は，

　　　　（N＋1）期　　　40.4万円

　　　　　　N　　期　　　32.9万円

ということになります。

　約23％ものアップです。

この上昇は，少し異常です。

新宿商事の当期の業績からは，とても考えられない上昇率です。

たしかに，新宿商事では，当期7人の新規採用をしています。

これら新規採用者の人件費が，1人当たりの人件費を押し上げてしまった可能性はあります。

採用難の中で，相場以上の賃金を示さざるを得なかったのかもしれません。

あるいは，ベテラン幹部を高給でスカウトしたためかもしれません。

◆なぜ交際費は損に落ちないのか

次に，販売費及び一般管理費の中の，交際費を見てみます。

交際費というのは，会社にとってみれば，人件費や旅費交通費などと同様，費用の1つです。

会社をスムーズに運営していくためには，交際費は欠かせない費用です。

新宿商事は，（N＋1）年3月期で，15百万円の交際費を計上しています。

ところで，"交際費は損に落ちない"という言い方をよくします。

これは，どういうことなのでしょうか？

◆法人税法での交際費の取扱い

実は，交際費が損に落ちるとか，落ちないとかいう表現は，あくまでも法人税法の世界での言葉です。

損に落ちる，落ちないという表現は，あくまで法人税法上の利益を計算する場合のことを指すのであって，損益計算書では，まったく関係の

ないことです。

　次の表をご覧ください。

　これが，法人税法が定める交際費の限度額です。

損に落ちる交際費の限度額

資本金の区分	交際費の年間限度額
1億円以下	飲食費（※）の50% 800万円 のいずれか大きい方
1億円超	飲食費（※）の50%

※平成26年4月1日以後に開始する事業年度から適用されます。
※飲食費には、いわゆる社内接待費は含まれません。

　つまり，交際費の支出額が，この限度額を超えてしまうと，法人税の計算のうえでは，その超えた金額は費用とは認めない，すなわち，超えた部分の金額は法人税の課税対象になる，こういうことをいっているのです。

　このことが，損に落ちる（落ちない），という言い方になっているのです。

◆未払経費の取扱い

　販売費及び一般管理費について注意すべきポイントは，未払経費の取扱い，です。

　たとえば，広告宣伝費を例にとります。

　ある会社が，新製品を大々的に売り出そう，ということで，新たにパンフレットを印刷しました。

　印刷会社に1万部のパンフレットを発注し，3月上旬に，このパンフ

レットを入荷しました。

　そして，3月の1か月間，既存，新規の得意先かまわず，このパンフレットをすべてバラまいてしまった，とします。

　3月は，この会社の決算月です。

　締め日の関係で，印刷会社から請求書が届いたのは，4月15日になってしまいました。

　請求額は，1百万円です。

　はたして，この1百万円という広告宣伝費は，今年の3月の決算に織り込むべき費用でしょうか？

　それとも，請求書が届いたのが4月に入ってからなので，来期の決算に織り込めばよいのでしょうか？

　答えは，ズバリ，

　　　当期の決算に織り込む

のが，原則です。

　パンフレットの印刷，配布という広告宣伝活動は，3月中にすでに完了しています。

　たとえ，支払いが翌期になったとしても，そのことは関係ありません。

　3月に商品を仕入れ，4月にその代金を支払ったとしても，3月の仕入れは仕入れ，ということと同じです。

　つまり，未払いの経費，が計上されることになります。

　ところが，すべての会社が，このように未払経費をキチンと計上しているかというと，必ずしもそうではありません。

　会計上，未払経費を計上するのはわかっているけれども，事務手続きのうえで，いちいち未払経費を拾い出すのが面倒だ，あるいは，未払経

費を計上すると，利益が落ち込んでしまう，などの理由から，未払経費を計上しない会社も，かなりあるのです。

未払経費を計上しないということは，当期の経費を来期に回す，すなわち繰り延べてしまう，ということです。

新宿商事の損益計算書を見ただけでは，はたして，未払経費を計上しているのかどうか，はっきりしません。

貸借対照表の未払金の個々の内容にまで立ち入るしか，方法はないのです。

未払経費をキチンと計上していればよいのですが，仮に，未払経費を計上していないとすれば，どうでしょうか。

新宿商事の経理担当者は，相当苦しい判断を余儀なくされたのではないでしょうか。

未払経費を計上してまで利益を落としたくない事情があったのかもしれません。

◆粗利益と営業利益

損益計算書は，売上高から売上原価をマイナスしたところで，一度，利益を計算しています。

売上総利益金額，いわゆる**粗利益**です。

　　　（N＋1）期　　270百万円
　　　　N　期　　　210百万円

60百万円，28.6％の増加です。

売上高の伸び率が42.9％でしたから，売上原価すなわち仕入れコストの増加分だけ，売上総利益の伸びが抑えられてしまっていることになります。

もしかすると，拡販のために無理な営業を強いられ，薄利の受注を余儀なくされたのかもしれません。

売上総利益金額を売上高の金額で割った率を，売上総利益率といいます。

$$売上総利益率 = \frac{売上総利益金額}{売上高}$$

新宿商事の売上総利益率は，
- （N+1）期　　36.0％
- 　N　　期　　40.0％

4％の減少です。

売上総利益から販売費及び一般管理費をマイナスすると，営業利益金額が算出されます。

売上総利益率と同じような計算を，販売費及び一般管理費と営業利益金額について計算したものが，**経費率**および**営業利益率**となります。

$$経費率 = \frac{販売費及び一般管理費}{売上高}$$

$$営業利益率 = \frac{営業利益金額}{売上高}$$

Checkpoint 5

売上総利益率（平成24年　中小企業庁「中小企業実態基本調査」）
- 全業種平均　25.2％
- 製造業平均　21.8％

新宿商事では,

	(N+1) 期	N 期
売上総利益率	36.0%	40.0%
経費率	33.1	28.6
営業利益率	2.9	11.4

やはり,経費率が増加した分だけ,営業利益率は抑えられています。

結局,売上総利益の増加では,経費負担の増加を吸収できなかったわけです。

さて,損益計算書では,ここまでで,ひとつの区切りをつけて,**営業損益計算**としてとらえています。

これは,金融収益や金融費用を加味する前の,いわゆる本業の実力ベースである営業段階での損益の動きを,ここでキャッチしておこう,という趣旨です。

◆売上総利益金額と営業利益金額のとらえ方

売上総利益金額は,売上高から売上原価を差し引いて計算します。

この段階では,必ず,利益を確保しなければなりません。

売上総利益金額は,商品を売り上げた総額から,その売上に貢献した原価部分のみを控除した金額です。

原価以外のその他のコストは,ここでは考慮しません。

したがって,この段階で損失,すなわち,赤字になっては元も子もないわけです。

これでは,商売を続ければ続けるだけ,赤字が増えてしまうことになります。

一方，営業利益金額についても，同じことがいえます。

営業利益金額は，この売上総利益金額から，販売費及び一般管理費を差し引いて，計算します。

販売費及び一般管理費とは，文字どおり，仕入れた商品を販売するためにかかる人件費や，営業の拠点となる事務所の賃料など，商売をするうえで欠くことのできない経費です。

これらの経費は，少なくとも，売上総利益金額の範囲でまかなうことができなければ，やはり，商売を続けることができないわけです。

もちろん，経済状況によっては，思うように商品が売れないこともあるでしょうし，会社によっては，さまざまな事情があり，一時的に経費が増加することもあると思います。

それは，仕方がないことです。

しかし，通常の状態において，売上総利益金額や営業利益金額が赤字になることは，絶対に避けなければなりませんし，もしそうであれば，赤字の原因をしっかりと突き止め，解消していかなければなりません。

そうしないと，遅かれ早かれ，会社として存続していくことは難しくなることでしょう。

Checkpoint 6

経費率・営業利益率（平成24年　中小企業庁「中小企業実態基本調査」）

経費率	全業種平均	23.1%
	製造業平均	18.9%
営業利益率	全業種平均	2.1%
	製造業平均	2.9%

2　営業外損益計算

1 営業外収益

◆雑収入の中身に注意

営業外損益は,

　　営業外収益
　　営業外費用

の2つから成り立っています。

営業外収益と営業外費用の双方に共通する代表的なものが，金融関係の収益と費用です。

この金融収益と費用，とりわけ金融費用というのは，会社にとって，人件費と並び，大変重要な費用です。

営業外収益とは,

　　企業の主たる営業活動以外の活動により，経常的に生ずる収益

のことです。

主たる営業活動以外，すなわち本業以外の会社の活動は，資金の調達・運用，つまり，財務活動ということになります。

したがって，会社が受け取る受取配当金は，営業外収益です。

会社が受け取る利息も，営業外収益です。

新宿商事では，このほか，「**雑収入**」を営業外収益に計上しています。

この雑収入の中身は，通常ですと,

　　営業用の自動車を下取りに出したところ，多少の利益が出た。

遊休地の一部を他社に賃貸し，地代をもらっている。
などが，例として考えられます。
　　しかし，注意しなければなりません。
　　この「雑収入」には，いろいろな内容の項目が計上される可能性があるのです。
　　「雑収入」は，あくまでも，雑収入です。
　　もしかすると，利益を多く見せるために，決算対策的な雑収入が計上されているかもしれません。
　　みなさんも，損益計算書を読むときには，雑収入の中身には，くれぐれも気をつけてください。

2 営業外費用

◆金融費用は営業外費用

　営業外費用とは，
　　　企業の主たる営業活動以外の活動により，経常的に生ずる費用
のことです。
　その中で，最もポピュラーなものは，
　　　支払利息
　　　手形売却損
などの，いわゆる金融費用でしょう。
　会社は，利益をあげるためにさまざまな経費を使いますが，それらの中で最も比重の大きいもの，負担の大きいものは，「販売費及び一般管理費」の中の給料などの人件費と，この**金融費用**でしょう。
　新宿商事の支払利息は，
　　　（N＋1）期　　39百万円

　　　　　　N　期　　13百万円

26百万円増で，3倍にふくらんでいて，著しい金利負担の増加です。

　金利負担については，次の正味支払金利という考え方があります。

> 正味支払金利＝支払利息－受取利息・配当金

　支払利息から受取利息・配当金をマイナスした金額を，正味の支払金利，純額の金融費用と考えるわけです。

　新宿商事の正味支払金利は，
　　　（N＋1）期　　30百万円
　　　　　N　期　　　3百万円
じつに，約10倍に増加していることになります。

　しかし，金利が増加したといっても，それに耐えるだけの利益が計上されていれば，それほど恐ろしくはありません。

　その点，新宿商事はどうなのでしょうか？

　そこで，金利負担率を計算してみます。

　金利負担率とは，
　　　営業利益に対する正味支払金利の割合
のことで，

$$金利負担率 = \frac{正味支払金利}{営業利益金額} \times 100$$

によって求めます。

　さっそく計算してみましょう。
　　　（N＋1）期　　136.4％

　　　　　Ｎ　期　　　5.0%

　（Ｎ＋１）期の金利負担率は，なんと136.4％にもなりますが，はたして，この数字は，なにを物語っているのでしょうか。

　新宿商事は，営業段階で22百万円の利益を計上しました。

　もし仮に，新宿商事が，すべて自己資本で営業していたとすれば，22百万円という営業利益から支払うべき金利は一切ない，ということになります。

　ところが，新宿商事のみならず，よほど財務内容の優秀なごく一部の会社を除けば，借入金ゼロという会社は，そう滅多にありません。

　したがって，営業段階で計上した22百万円という利益の中から金利を負担する，ということになります。

　新宿商事の場合，負担する金利は，39百万円です。

　営業利益として22百万円を稼いだにもかかわらず，その中から負担する金利は39百万円，つまり，営業利益を全部はき出し，さらに17百万円が不足，こういう事態であったことを，この金利負担率は物語っているのです。

　それが，金利負担率136.4％の意味です。

　つまり，金利負担率が100％ということは，営業利益をすべて金利ではき出してしまう，ということを意味するのです。

　100％を超えれば，営業利益を上回る金利，というわけです。

Checkpoint 7

金利負担率（平成24年　中小企業庁「中小企業実態基本調査」）
　　全業種平均　　28.7％
　　製造業平均　　23.1％

新宿商事の金利も，絶対額が増加しただけでなく，利益に対しても，重い負担となってのしかかっていることが，ひしひしと感じられます。

さて，このほか，営業外費用にあげられる項目として，

　　社債利息
　　雑損失

などがあります。

さきほど，雑収入にはくれぐれもご注意いただきたいと申しましたが，この「雑損失」も同様です。

中には，その正体をはっきりさせたくないという理由から，雑損失として表示されているものもあります。

たとえば，本来なら，過去の決算において，損失として処理しておくべきであったものが，当期の損失，つまり，当期の雑損失として計上されている，ということも考えられます。

たかが雑損失，と甘くみることはできません。

3 経常利益金額

◆経営者が最も気にする「ケイツネ」とは

みなさんは，経営者や世間一般が，会社の数字のどこに最も興味をよせているのか，注目しているのか，ご存じですか？

会社のいくつかの数字の中で，経営者や世間一般が最も関心を寄せているのは，「**経常利益金額**」です。

経常利益金額というのは，文字どおり，

　　会社の経常的な活動に基づく利益

ということを意味します。

経常利益は，しばしば「ケイツネ利益」とも呼ばれます。

さきほど確認した営業利益は，会社の営業活動に基づく利益です。売上総利益から経費を差し引いて計算しました。
　この営業利益金額に，受取利息などをプラスし，支払利息などをマイナスした結果の利益が，**経常利益金額**です。
　金融関係の収益とか費用というのは，たしかに営業活動に基づくものではありませんが，かといって，会社の経営にとっては不可欠の収益であり，費用です。
　まさに，経常的な収益であり，費用なのです。
　そこで，これらのものを加味したところで，もう一度，損益計算書にひと区切りつけようとしたのが，**経常損益計算の部**であり，**経常利益金額**であるわけです。
　このあとに続く**特別損益計算の部**では，非経常的な収益・損失を扱っています。
　こういったものは，たしかに会社の利益であり，損失であるわけですが，どうみても経常的に発生する収益や費用とは思えません。
　これらのものを加味する前の段階，すなわち，今後も営々と続くであろう会社の経常的な実力をひとまず判定しようではないか，こういう目的が経常損益計算の部にはあるのです。
　世間一般で，会社の利益という場合，通常ですと，この経常利益金額のことをいいます。
　増収増"益"，増収減"益"，このような表現をよく耳にすることがあると思います。
　この"益"こそが，実は，経常利益金額のことなのです。
　会社の経営者，取引先，金融機関，そしてマスコミ全般にいたるまで，多くの人々がまず着目するのが，まさに，この経常利益金額なので

す。

　新宿商事の経常利益金額は，

　　　（N＋1）期　　　3百万円

　　　　N　　期　　　61百万円

約60百万円の減少，約20分の1の"減益"となっています。

　結局，経費や金利負担の増加が，経常利益金額を前期の20分の1にまで落とす結果となってしまいました。

Checkpoint 8

経常利益率（平成24年　中小企業庁「中小企業実態基本調査」）
　　全業種平均　　2.6%
　　製造業平均　　3.4%

第3章 損益計算書の見方・読み方

II 特別損益計算の部を読みこなす

損益計算書は，最初に申しあげたとおり，

経常損益計算の部

と，この，

特別損益計算の部

の2つに分類して考えます。

経常損益計算の部については，今まで見てきたとおりです。

ご理解いただけたことと思います。

今一度，経常損益の部を，次の表で確認してください。

```
    I  売 上 高           ..........
    II 売 上 原 価         ..........
          売上総利益金額    ..........
    III 販売費及び一般管理費  ..........
          営業利益金額      ..........
    IV 営業外収益          ..........
    V  営業外費用          ..........
          経常利益金額      ..........
```

それでは，特別損益計算の部に入っていきます。

1 特別損益計算

◆特別損益の中身とは

では，経常利益金額の後に続く特別損益計算の部の内容を，ざっと読み流してください。

新宿商事の場合，
　　　有価証券売却益
　　　固定資産売却損
という項目が並んでいます。

こういったものは，たしかに会社の利益であり，損失であるわけですが，どうみても経常的に発生する収益や費用とは思えません。

いってみれば，フロック的な損益です。

つまり，特別損益計算の"特別"という言い方は，経常損益計算の"経常"に対比する意味で使われているのです。

さて，新宿商事の（N＋1）年3月期の決算においては，経常利益金額を3百万円しか計上することができず，前の年に比べると，20分の1に激減しています。

大幅な減益です。

金融費用が営業利益金額を食ってしまったことは，さきほど指摘したとおりです。

ところが，税引前当期純利益金額は，経常利益金額の3百万円に対し，14百万円と増加しています。

これは，特別利益として，有価証券売却益が19百万円計上されたからです。

前期の7百万円に比べて，約3倍に増えています。

経常利益金額が,前年の20分の1ではみっともない,なんとか少しでも状況をよく見せたい,こういう意向がうかがえます。

このように,特別損益というのは,**決算対策的な色彩**が強く表れる項目なのです。

◆**営業外損益**に含まれるときもある

もうひとつ例をあげましょう。

たとえば,S社は,昨今の不況のあおりを受けて,ジリ貧の一途です。

前期にはとうとう赤字に転落し,このままでは今期も30百万円の経常損失になりそうです。

そこで思い切って,工場の土地の一部を,かねてから打診されていた会社に売却してしまい,幸いにも,100百万円の売却益を出すことができました。

こういうケースを思い浮かべてください。

S社の経理課長は,この100百万円を,まさに臨時的な利益と考え,特別利益としました。

したがって,S社の今期の損益計算書は,

経常損失金額	△ 30百万円
特別利益	100百万円
税引前当期純利益金額	70百万円

となります。

ところが,上司の経理部長は,「経常損益計算が,赤字というのでは,会社としても,あまりにみっともないことだから,不動産の売却益100百万円を,雑収入として『営業外損益』の表示をしよう。」という意見

です。

この場合，

  営業外収益
   雑収入   100百万円
  経常利益金額   <u>70百万円</u>
  税引前当期純利益金額   70百万円

となります。

このように，会計処理のやりかたひとつで，経常損失金額が，経常利益金額に変身してしまうのです。

注意深く内容を検討すればわかることですが，経常損益だけを一見すれば，赤字と黒字では，大違いです。

ですから，みなさんが特別損益計算の部を読むときには，あわせて，営業外損益の項目も見るようにしてください。

ひょっとしたら，臨時的な土地売却益などが営業外収益に含まれているかもしれません。

2 法人税，住民税及び事業税

◆法人税，住民税及び事業税は，利益に対してかかる

特別損益の部が終わりました。

損益計算書も，ゴールが見えてきました。

経常利益金額に，特別損益計算の部の金額をプラスマイナスすれば，

  税引前当期純利益金額

が算出されます。

新宿商事の（N＋1）期の損益計算書を見てみますと，

税引前当期純利益金額	14百万円
法人税，住民税及び事業税	7百万円
当期純利益金額	7百万円

と続いています。

この法人税，住民税及び事業税とは，文字どおり，

法人税

住民税

事業税

のことを指します。

会社は，さまざまな税金を負担します。

自動車税，固定資産税，印紙税など，いろいろあります。

そして，これらの税金は，販売費及び一般管理費の中の**租税公課**に計上されるのがふつうです。

つまり，税金も経費，というわけです。

これに対し，法人税や住民税等は，その取扱いが若干異なります。

法人税や住民税等は，他の税金と違い，

会社の利益に対して課税される税金

です。

土地や家屋を所有しているだけで課税される固定資産税。

自動車を所有しているだけで課税される自動車税。

これらとは，税金がかけられるしくみそのものが異なります。

つまり，法人税や住民税等は利益の金額にスライドする，というわけです。

税引前当期純利益金額から，法人税や住民税等がマイナスされるのは，このためです。

◆**法人税，住民税及び事業税と未払法人税等の関係**

　ところで，新宿商事の損益計算書の法人税，住民税及び事業税の金額と，貸借対照表の未払法人税等の金額双方を見比べてみてください。

　法人税，住民税及び事業税は，7百万円。

　未払法人税等は，3百万円。

　2つの数字に，4百万円の相違が生じています。

　これは，どういうことでしょうか？

　これを解明するためには，法人税や住民税等の**納税方法**を理解していただかなくてはなりません。

　税務署は，年1回の決算会社に対し，年の途中で，いったん税金を納めることを要求しています。

　とはいっても，1年決算の会社ですから，わざわざ年の途中で決算を組むわけにはいきません。

　決算をしない以上，利益の金額をはじくことができませんから，納める税額も，当然わかりません。

　では，どのようにして年の途中で税金を納めるのでしょうか？

　そこで，税務署は，2とおりの方法を認めています。

　ひとつは，前期に納めた税金の半分を納付する，という方法です。

　たとえば，前期に納めた年間のトータルの税金が100であった，とします。

　この場合，当期の中間では，50を納めます。

　そして，当期末で決算を組んで，その年間税額が，仮に120であったとしましょう。

　ということは，当期末に算出された利益に対して，本来納めなければならない1年間の税金は120。

ところが，中間時点で50を納めていますから，決算後に納付すべき税額は，残りの70，ということになります。

これを，**予定申告**，といいます。

もうひとつの方法は，その期が半分過ぎた時点，すなわち，決算の中間点で半年間の"仮"の決算を行い，半年間の利益を計算し，税金を納める，という方法です。

この方法は，当期の会社の業績がどうも思わしくない，という場合に多く採用される方法です。

というのも，そもそも年1回決算の会社なのですから，なにも中間時点で仮決算を行う必要はないわけです。

ところが，当期はどうも前期と比べると業績が大きくダウンしそうな感じです。

したがって，当期の決算で納める税金は，前期に納めた税金よりも，かなり少なくて済みそうです。

こういうことが予想されれば，前期分の2分の1の税金を予定申告で納めるよりも，仮決算をして，業績悪化を反映した税額を計算したほうが有利，ということになります。

前期分の税額の2分の1を納めるか，それとも，仮決算による中間申告を選択するかは，会社の任意です。

ですから，みなさんは，もし，ご自分の担当している会社で，当期になって業績が思わしくない，とても前期のような利益は出そうもない，ということであれば，当然，中間時点では，仮決算をして納める税金をできるだけ少なくし，会社の負担を軽くすることをアドバイスしてあげることが必要です。

これらのことを踏まえたうえで，もう一度，法人税，住民税及び事業

税の金額と未払法人税等の金額の不一致の原因をさぐってみましょう。

新宿商事は，税引前で年間14百万円の利益を計上しています。

この利益に対して納めなければならない税金は，7百万円というわけです。

そして，貸借対照表をご覧ください。

未払法人税等3百万円となっています。

つまり，本来の決算が終わって年間税額を計算してみたら，7百万円。そのうち，まだ納付していない未払分が3百万円である。

こういうことを意味しています。

差額の4百万円は，すでに中間で納付済みの金額，なのです。

3 当期純利益金額

◆最終的な利益が，当期純利益金額

経常利益金額は，会社の経常的な活動に基づく利益，すなわち会社の実力を示す利益でした。

では，**当期純利益金額**は何を意味する利益なのでしょうか？

当期純利益は，次のようにして算出されます。

$$\text{1会計期間の} \atop \text{すべての収益} - {\text{1会計期間の} \atop \text{すべての費用}} = \text{当期純利益}$$

1会計期間の費用，すなわち1事業年度のすべての費用には，もちろん，その事業年度が負担すべき税金も含まれています。

つまり，当期純利益金額とは，税金も差し引いた後の**処分可能利益**ということなのです。

税金を差し引いてしまえば，もはや負担すべきものはありません。

残った利益は，会社が自由に処分してかまわないのです。

当期に稼いだ収益のうち，会社が自由に処分してもかまわないもの，それが，当期純利益金額です。

いくら経常利益金額がたくさんあっても，思わぬ損失（特別損失）を被り，処分可能利益がなくなってしまうというケースも考えられます。

"終わりよければすべてよし"というわけではありませんが，やはり，当期純利益金額が計上されているか否かによって，会社の信用度も大きく違ってきます。

当期純利益金額は，純利益ともいわれます。

おたくの会社の純利益は？

税引後の利益は？

と聞かれたら，いずれも当期純利益の金額を答えることになります。

新宿商事でいえば，

　　　　（N＋1）期は7百万円

となるわけです。

EXERCISE 練習問題

問題1 仕入と売上原価の違いとは？

問題2 期末商品を評価する方法を3つ挙げなさい。
　　①　＿＿＿＿＿＿＿＿＿＿＿＿＿＿＿＿＿
　　②　＿＿＿＿＿＿＿＿＿＿＿＿＿＿＿＿＿
　　③　＿＿＿＿＿＿＿＿＿＿＿＿＿＿＿＿＿

問題3 経費が"損に落ちない"とは，具体的にはどういうことですか。

問題4 営業利益30百万円の会社において，受取利息・配当金3百万円，支払利息15百万円である場合の「金利負担率」を求めなさい。
　　　　正味支払金利　＝
　　　　金利負担率　　＝

問題5 会社の利益に対して課税される税金にはどのようなものがありますか。

☞解答は230ページにあります。

第4章 株主資本等変動計算書

1 株主資本等変動計算書

◆株主資本等変動計算書とは

　いよいよ，3つめの決算書となる，
　　　株主資本等変動計算書
を見ていきます。
　株主資本等変動計算書は，これまで見てきた貸借対照表や損益計算書とは，少しスタイルが異なります。
　実際に見ていただいたほうが，話が早いと思います。
　188ページの株主資本等変動計算書をご覧ください。
　株主資本等変動計算書は，その事業年度において，これまで稼いだ利益について株主総会の承認を受けて，その使いみちが決まったものについてまとめた計算書です。
　具体的には，これまで稼いだ利益について，配当として支払うことを定めたり，利益準備金や別途積立金などに形を変える作業を行います。
　この作業のことを，
　　　剰余金の処分
といいます。

◆剰余金の処分とは

　ここでは，まず，剰余金の処分というものが，どういうものなのかを解説します。
　剰余金の処分について，簡単な例をとって見てみましょう。

〈設立時〉

まず，株主から100の現金を集めて会社を設立した，とします。設立時の貸借対照表は，次のようになります。

設立時の貸借対照表

現　金	100	資本金	100

〈第1期〉

1年後，初めての決算で，貸借対照表が，

第1期末の貸借対照表

現　金	120	資本金	100

となったとします。

第1期末の貸借対照表

資　産	120	資本金	100

というカタチになっており，右と左がバランスしていません。

これをバランスさせるためには，

20

の紙を，右のスキ間に入れる必要があります。

そうすると，

第1期末の貸借対照表

資　産	120	資本金	100
			20

このように，右と左がバランスします。

この　20　が，第1期にかかる当期純利益金額なのです。

したがって，第1期末の貸借対照表は，

第1期末の貸借対照表

資　産	120	資本金	100
		当期純利益金額	20

となります。

〈第2期〉

第1期末の貸借対照表は，そのまま第2期の期首の貸借対照表となりますが，　20　だけは，名前を変えて，次のようになります。

第2期首の貸借対照表

資　産	120	資本金	100
		前期繰越利益	20

第2期から見れば，第1期はまさに前期であり，したがって，第1期末の当期純利益金額は，第2期に入ると前期繰越利益に変わるのです。

さて，第2期末で，

第2期首の貸借対照表

資　産	150	資本金	100
		前期繰越利益	20

となったとします。

また，右側にスキ間ができてしまったので，紙を切って，右のスキ間にうめてやります。

この紙には，なんという名前をつけたらよいでしょうか？

もちろん，当期純利益金額です。

貸借対照表は，

第2期末の貸借対照表

資　産	150	資本金	100
		前期繰越利益	20
		当期純利益金額	30

となります。

〈第3期〉

それでは，第3期の期首の貸借対照表はどうなるでしょうか？

第3期首の貸借対照表

資　産	150	資本金	100
		前々期繰越利益	20
		前期繰越利益	30

となります。

第3期からみれば、第1期は前々期です。

第3期からみれば、第2期は前期です。

あとは、この繰返しです。

ところが、こうすると、第100期目の期首の貸借対照表は、どうなるのでしょうか？

右側に99枚の紙が並んでいて、そのいちばん上の紙には、前前前……と、前の字が99枚もついた繰越利益ができてしまいます。

そこで、ひと工夫します。

第2期末の貸借対照表は、

第2期末の貸借対照表

資　産	150	資本金	100
		前期繰越利益	20
		当期純利益金額	30

となっていますが、これを、

第2期末の貸借対照表

資　産	150	資本金	100
		繰越利益剰余金	50

とするのです。

ここで、新たに、

繰越利益剰余金

という名前のついた紙が登場します。

つまり、第2期の貸借対照表の右側にあった、

前期繰越利益	20
当期純利益金額	30

という2枚の紙を破いてしまい，そのかわりに，

繰越利益剰余金	50

という紙をはめこみます。

もちろん，紙の大きさは同じです。

第2期末から3か月たつと，第2期定時株主総会が開かれます。

定時株主総会に提出される貸借対照表は，

第2期末の貸借対照表

資　産	150	資本金	100
		繰越利益剰余金	50

です。

そこで，株主総会に集まった株主が，この貸借対照表の右側にある，

繰越利益剰余金	50

という紙にハサミを入れるのです。

このように，繰越利益剰余金という紙をハサミで切ることを，

剰余金を処分する

というのです。

けっして，**剰余金を現金で配る**ことではありません。

このことを間違えないようにしてください。

この株主総会で，株主が，

繰越利益剰余金（処分前） 50	→剰余金処分→	配当金 20
		利益準備金 2
		別途積立金 10
		繰越利益剰余金(処分後) 18

このように切った，とします。

つまり，剰余金を処分した，わけです。

すると，貸借対照表は，その時点で，

第2期末の貸借対照表（剰余金処分後）

資　産　　　　　　　150	資本金　　　　　　100
	配当金　　　　　　 20
	利益準備金　　　　 2
	別途積立金　　　　 10
	繰越利益剰余金（処分後）18

となります。

処分された剰余金のうち，

| 配当金　　　　　　　　20 |

は，株主に対する配当金の未払い，ということになりますので，紙の名前を，

| 未払配当金　　　　　　20 |

と変えて，貸借対照表も次のように変えます。

第2期末の貸借対照表（剰余金処分後）

資　産	150	資本金	100
		未払配当金	20
		利益準備金	2
		別途積立金	10
		繰越利益剰余金（処分後）	18

そうすると，

未払配当金	20

の位置が気になってきます。

　これらは，いずれも未払いですから，会社にとっては，一種の借金です。
　2枚の紙は，**負債の部**に移さなければなりません。

第2期末の貸借対照表（剰余金処分後）

資　産	150	未払配当金	20
		資本金	100
		利益準備金	2
		別途積立金	10
		繰越利益剰余金（処分後）	18

　株主総会で剰余金を処分すると，繰越利益剰余金という紙の一部が，未払配当金という負債に変わります。
　この点は，大切なポイントです。

また，利益準備金とか，別途積立金とかいっても，これらは，いずれも繰越利益剰余金という紙をハサミで切った結果生じた抽象的な数字であって，けっして現金や預金の存在を意味するものではありません。
　利益準備金という現金，別途積立金という現金が，金庫の中に入っているのではありません。
　もし，それらが現金や預金であるとすれば，貸借対照表の右側に計上されるわけはなく，資産として，貸借対照表の左側に計上されているはずです。

　それでは，利益準備金や別途積立金，繰越利益剰余金は，資産でしょうか，負債でしょうか，それとも純資産でしょうか？
　貸借対照表の右側にある以上，資産ではないことは明らかです。
　そうすると，負債か，純資産のいずれかです。
　利益準備金や別途積立金，繰越利益剰余金（処分後）は，いずれも，繰越利益剰余金（処分前）という紙をハサミで切った結果，生じたものです。
　繰越利益剰余金は，前期までの繰越利益と当期純利益金額の２つの紙が一緒になったものです。
　いずれにせよ，**利益**です。
　利益は，誰のものでしょうか？
　利益は，結局は，**株主**のものです。
　株主のものであるということは，純資産である，ということです。
　未払配当金は，会社が現金ですぐにでも支払わなければならない一種の借金です。
　したがって，これは，まさに負債です。

これに対して，利益準備金や別途積立金，繰越利益剰余金は，支払うべき債務ではありません。

会社が稼ぎ出した利益です。

すでに，法人税が課税済みの利益です。

すなわち，純資産なのです。

今までの貸借対照表に，若干の見出しをつけると，

第2期末の貸借対照表（剰余金処分後）

資　産	150	負　債	
		流動負債	
		未払配当金	20
		純資産	
		資本金	100
		利益剰余金	
		利益準備金	2
		別途積立金	10
		繰越利益剰余金(処分後)	18

流動負債，**利益剰余金**，といったものは，いずれも見出しの言葉です。

第1章で覚えた項目を思い出してみてください。

未払配当金という科目は，現金で支払えば，消えてしまいます。

現金で支払ったわけですから，資産もそれだけ減ります。

そして，これを現金で支払った後の貸借対照表は，

配当金を支払った後の貸借対照表

資　産	130	資本金	100
		利益剰余金	
		利益準備金	2
		別途積立金	10
		繰越利益剰余金(処分後)	18

となります。

　次に，第3期末がやってきます。

　大いに儲かって，利益が70出た，とします。

　第3期末の貸借対照表は，

第3期末の貸借対照表

資　産	200	資本金	100
		利益剰余金	
		利益準備金	2
		別途積立金	10
		前期の繰越利益剰余金	18
		当期純利益金額	70

となりますが，利益剰余金の中の，

　　　前期の繰越利益剰余金　　18

　　　当期純利益金額　　　　　70

の2つは区分して表示せず，両方を合計して，

　　　繰越利益剰余金　　88

と表示することにします。

　すなわち，第3期末の貸借対照表は，こうなります。

第3期末の貸借対照表

資　産	200	資本金	100
		利益剰余金	
		利益準備金	2
		別途積立金	10
		繰越利益剰余金	88

さて，第3期の定時株主総会が開かれることになりました。
再び，株主が，ハサミを持って集まった，というわけです。
この総会では，

```
繰越利益剰余金（処分前）　88
```

という紙が，

配当金	40
利益準備金	4
別途積立金	20
繰越利益剰余金（処分後）	24

このようにハサミで切られた，とします。
その結果，貸借対照表はどう変化するのでしょうか？
この問題は，ぜひ，ご自分で答えを書いてみていただきたいと思います。
なお，流動負債とか，資本剰余金とか，利益剰余金などの見出しをつ

けるのを忘れないでください。

正解は，次のとおりです。

第3期末の貸借対照表（剰余金処分後）

資　産	200	負　債	
		流動負債	
		未払配当金	40
		資　本	
		資本金	100
		利益剰余金	
		利益準備金	6
		別途積立金	30
		繰越利益剰余金(処分後)	24

いかがでしたか？

ご自分の答えとチェックしてみてください。

利益準備金が6になるのは，

　　第2期末の貸借対照表に計上されている利益準備金2に，

　　この剰余金処分によって発生した4を足し算した結果

です。

　くどいようですが，繰り返します。

　　　利益準備金　　　　　　　6
　　　別途積立金　　　　　　　30
　　　繰越利益剰余金（処分後）　24

は，いずれも，それだけの現金が存在している，という意味ではありません。

別途積立金30という現金が金庫の中に用意されている、そういうことではないのです。

いずれも、繰越利益剰余金（処分前）という紙をハサミで切って、それぞれに、そういう名前をつけたにすぎません。

◆**株主資本等変動計算書のしくみ**

新宿商事の株主資本等変動計算書をご覧ください。

まずは、株主資本等変動計算書のしくみについて説明しておきます。

貸借対照表や損益計算書と同じように、タイトルの下に日付が記載されていますが、この日付は、損益計算書と同じものであることに気づかれたと思います。

つまり、これらの計算書は、（N－1）年4月1日からN年3月31日、N年4月1日から（N＋1）年3月31日までの期間の数字を表したものです。

そして、計算書の上段には、左側から資本金、資本剰余金などの項目がズラリと並んでいます。

これらの項目を見て、みなさんは、何か気づかれましたか？

そうです。上段の項目は、さきほど見ていただいた貸借対照表の純資産の部の項目が、そのまま並んでいるのです。

続いて、左側の縦の項目を見ていただくと、上から、前期末残高からスタートし、当期変動額の項目が表示され、最後は、当期末残高となっています。

これらがマトリックスの形で表示されているのです。

つまり、株主資本等変動計算書は、貸借対照表の純資産の部、言い換えれば、株主資本について、1事業年度における流れを表したものなの

株主資本等変動計算書

自 （N－1）年4月1日 至 N年3月31日

新宿商事株式会社 (単位：百万円)

	株主資本									評価・換算差額等			純資産合計
	資本金	資本剰余金			利益剰余金				自己株式	株主資本合計	その他有価証券評価差額金		
		資本準備金	その他資本剰余金	資本剰余金合計	利益準備金	その他利益剰余金		利益剰余金合計					
						別途積立金	繰越利益剰余金						
前期末残高	30			0	4	1	20	25		55			55
当期変動額				0				0		0			0
新株の発行				0				0		0			0
剰余金の配当				0			△8	△8		△8			△8
剰余金の配当にともなう利益準備金の積立					1		△1						
別途積立金の積立て				0		1	△1	0		0			0
当期純利益金額				0			31	31		31			31
自己株式の取得				0				0		0			0
株主資本以外の項目の当期変動額(純額)				0				0		0			0
当期変動額合計	0	0	0	0	1	1	21	23	0	23	0		23
当期末残高	30	0	0	0	5	2	41	48	0	78	0		78

（注）当期末を基準日とし，N年6月29日の定時株主総会で決議される剰余金の配当が10百万円ある。

株主資本等変動計算書

自 N年4月1日 至 （N＋1）年3月31日

新宿商事株式会社 (単位：百万円)

	株主資本									評価・換算差額等			純資産合計
	資本金	資本剰余金			利益剰余金				自己株式	株主資本合計	その他有価証券評価差額金		
		資本準備金	その他資本剰余金	資本剰余金合計	利益準備金	その他利益剰余金		利益剰余金合計					
						別途積立金	繰越利益剰余金						
前期末残高	30	0	0	0	5	2	41	48	0	78	0		78
当期変動額				0				0		0			0
新株の発行	10	5		5				0		15			15
剰余金の配当				0			△10	△10		△10			△10
剰余金の配当にともなう利益準備金の積立					1		△1	0					
別途積立金の積立て				0		1	△1	0		0			0
当期純利益金額				0			7	7		7			7
自己株式の取得				0				0		0			0
株主資本以外の項目の当期変動額(純額)				0				0		0			0
当期変動額合計	10	5	0	5	1	1	△5	△3	0	12	0		12
当期末残高	40	5	0	5	6	3	36	45	0	90	0		90

（注）当期末を基準日とし，（N＋1）年6月28日の定時株主総会で決議される剰余金の配当が8百万円ある。

です。

　当然ですが，前期末残高の欄の金額は，N期の貸借対照表の純資産の金額と一致しており，最後の欄の当期末残高の金額は，N期，（N＋1）期の貸借対照表の純資産の金額と一致しています。

2 剰余金処分のながれ

◆定時総会にかかる剰余金処分の取扱い

　それでは，新宿商事の剰余金処分を見てみましょう。

　剰余金処分については，上段における利益剰余金の中の繰越利益剰余金の欄で確認できます。

　繰越利益剰余金の欄を上から見ていただくと，各処分の内容が左側の項目欄から確認できると思います。

　そして，処分項目とは別に，

　　　当期純利益金額

の欄に金額の表示がありますが，これは，当期の損益計算書における当期純利益金額が表示され，結果として，繰越利益剰余金に加算されることになります。

　ここで，ひとつ注意していただきたいことがあります。

　さきほど，株主資本等変動計算書の日付を確認していただきましたが，株主資本等変動計算書が表しているのは，損益計算書と同じ，1事業年度における期間の数字ということです。

　つまり，株主資本等変動計算書が表しているのは，あくまで，その間に，株主総会の決議により処分が確定した金額が記載されているのです。

　この場合において，会社における剰余金の処分は，ほとんどの場合，

定時株主総会で行われます。

　この定時株主総会が，いつ行われるかについては，すでに申し上げたとおり，決算期末後3か月以内，ということになります。

　新宿商事でいえば，（N＋1）年3月決算にかかる定時株主総会は，（N＋1）年6月に開催されます。

　つまり，翌期です。

　そうすると，当期にかかる定時総会における剰余金処分が反映されるのは，当期の株主資本等変動計算書ではなく，翌期，すなわち，（N＋2）年の株主資本等変動計算書，ということになります。

　では，当期にかかる定時総会で決まった剰余金処分は，当期の決算書では，まったくわからないのでしょうか。

　そんなことはありません。

　新宿商事のN期の株主資本等変動計算書をご覧ください。

　計算書の欄外に，「（注）当期末を基準日とし，N年6月29日の定時株主総会で決議される剰余金の配当が10百万円ある。」とあるのがおわかりいただけると思います。

　株主資本等変動計算書では，その期にかかる定時総会において決議される配当金がある場合には，株主資本等変動計算書の欄外に注記することになっているのです。

　ここで，（N＋1）期における新宿商事の剰余金処分を見てみると，

　　　配当金　　10百万円

と記載されています。

　（N＋1）期の配当金10百万円は，まさに前の期の定時株主総会で決定されたものを表していることがおわかりいただけると思います。

　このことについて，しっかりと理解しておいてください。

◆新宿商事の剰余金処分は…

　それでは，あらためて新宿商事の剰余金処分を見てみましょう。
　剰余金の処分の対象となるのは，
　　　　繰越利益剰余金
です。
　繰越利益剰余金は，前期から繰り越されてきた利益に，当期純利益金額を合計した金額のことです。
　この繰越利益剰余金について，その事業年度において株主総会の承認をうけて名前を変えるもの，すなわち，剰余金の配当，利益準備金，別途積立金などが，変動額として表示されます。
　これら変動額を加味したあとの残額が，次期へ繰り越すこととなる，繰越利益剰余金となります。
　新宿商事の（N＋1）期の剰余金処分は，
　　　　配当金　　　　10百万円
　　　　利益準備金　　 1百万円
　　　　別途積立金　　 1百万円
となっていますが，すでに申し上げたとおり，この配当金は，前期の定時総会で決定されたものです。
　計算書の欄外を見ていただくと，（N＋1）年6月28日開催予定の定時総会で決議される配当金が，8百万円あることがわかります。
　剰余金処分のうち，
　　　　別途積立金
　　　　○○積立金
などは，単なるカンバンの付け替えで，純資産の項目であることに変わりありません。

一方,配当金は,株主に対して支払われるもので,結局は,会社の外にお金が流出していくものです。

(N+1)期で見てみると,新宿商事の当期純利益金額は,7百万円となっています。

(N+2)期で支払われる予定の配当金は,8百万円。

増資の関係もあるのでしょうが,当期純利益金額を上回る配当金が本当に必要でしょうか。

少し疑問を感じます。

◆配当率と配当性向

ここで,新宿商事の,

配当率

を計算してみましょう。

配当率とは,

$$配当率 = \frac{配当金}{資本金} \times 100$$

で算出されます。

したがって,100円の資本金の会社が年10円の配当をすれば,配当率は年1割,ということになります。

ここでは,単純に株主資本等変動計算書に表示されている金額で確認していきます。

新宿商事の配当率は,

   (N+1)期 20.0％

   N 期 33.3％

減配となっていますが，新宿商事の業績からすると，まだ高いと感じます。
続いて，
配当性向
を見てみましょう。
　配当性向とは，税引後の当期純利益金額から，はたして配当金としてどのくらい分配したのだろうか，ということを示す数値です。
　そして，配当性向は，次の算式で計算されます。

$$配当性向 = \frac{配当金}{当期純利益金額} \times 100$$

　新宿商事の場合，（N＋1）期の純利益は7百万円。
　同じ期の配当金は，8百万円ですから，配当性向は，なんと約114％にもなり，当期に計上した利益を上回る配当金が支払われてしまう，ということになります。
　たしかに，今回の増資にあたり，配当金の支給はやむを得ないところでしょう。
　それにしても，配当性向114％とは。
　みなさんは，このことについて，どう感じますか？

　ところで，当期は配当の社外流出があるにもかかわらず，利益準備金の積み立てをしていません。
　これは，前にも説明したとおり，新宿商事においては，資本準備金と利益準備金の合計額が，すでに資本金の4分の1に達しているためです。

今後は増資等が行われない限り、利益準備金を積み立てる必要はありません。

EXERCISE
練 習 問 題

問題 資本金100百万円，当期純利益金額30百万円，配当金10百万円である場合の「配当率」，「配当性向」を求めなさい。

配 当 率 ＝

配当性向 ＝

☞解答は230ページにあります。

第5章 キャッシュ・フロー計算書の見方・読み方

1　キャッシュ・フロー計算書とは

◆第4の決算書"キャッシュ・フロー計算書"
　決算書といえば，これまで見てきたとおり，
　　　　貸借対照表
　　　　損益計算書
　　　　株主資本等変動計算書
が基本となります。
　ところが，これらの決算書と同じ位置づけで，
　　　　キャッシュ・フロー計算書
というものがあります。
　キャッシュ・フロー計算書とは，ひと言で言うと，
　　　　企業活動におけるお金のながれを，
　　　　その発生源泉別にとらえて，
　　　　お金の増減の内容を明らかにする
計算書である，ということになります。
　具体的には，会社の活動を，
　　　　営　　業
　　　　投　　資
　　　　財　　務
の3つに区分し，キャッシュの「入り」と「出」を，それぞれの区分ごとに一覧表にした計算書です。
　キャッシュ・フローとは，文字どおり「お金のながれ」のことで，

どのくらいのお金が会社に入り，

 どのくらいのお金が会社から出たか，
ということです。

 キャッシュ・フロー計算書では，事業活動にともなうお金のながれをすべてとらえて，その活動別に，お金の「入り」と「出」，つまり，収支について表示するものです。

 損益計算書において，収益から費用を控除して利益を計算するように，キャッシュ・フロー計算書では，実際に入ってきたお金（収入金額）から，実際に会社から出ていったお金（支出金額）を控除して，その期間において会社が稼いだお金が，どれくらい残っているか，を計算するのです。

◆キャッシュ・フローはごまかせない

 最近においては，会社の真の実力とは，

 どれだけの利益を計上したか，
ということよりも，

 どのくらいの現金を稼ぎ出したか
ということで判断されるようになってきています。

 以前から指摘されていることですが，会社が計算する利益は，1つの取引に対して会社がどのような方法で処理するかによって，まったく異なってしまうのです。

 たとえば，売上げに対するタイミングをどうするか，減価償却の方法をどうするかなど，これらを1つとっても利益へのインパクトはまったく変わってくることになります。

 いってみれば，会社の利益というものは，経営者の判断ひとつでいく

らでも操作することができるのです。

　これに対し，キャッシュ・フローというのは，あくまで実際のお金のながれですから，ごまかしようがありません。

　したがって，最近では，キャッシュ・フローがその会社の真の実力を表すものと考えられおてり，その会社がいかに多くの現金を生み出し，それをいかに効率的に使っているか，ということが，そのまま会社の評価に直結することになり，今後においても，この考え方がますます広がっていくことと思われます。

◆公開会社では，必ず作成される

　現在，キャッシュ・フロー計算書の作成は，すべての会社に義務づけられているわけではありません。

　キャッシュ・フロー計算書の作成・開示が義務づけられているのは，今のところ，上場会社や店頭登録会社など，一定の会社にとどまります。

　しかし，お金のながれという側面から作成されるキャッシュ・フロー計算書の考え方は理解しておくことに損はありません。

◆キャッシュ・フロー計算書におけるキャッシュとは

　まず，キャッシュ・フロー計算書におけるキャッシュとは何なのか，ここから確認しておきたいと思います。

　この場合における「キャッシュ」とは，単に現金だけではなく，流動性の高い預金なども含まれます。

　具体的には，現金，普通預金，当座預金，期間3か月以内の定期預金など，です。

2 キャッシュ・フロー計算書のながれ

　キャッシュ・フロー計算書では，キャッシュ・フローについて，その発生源泉別に，

　　　Ⅰ　営業活動によるキャッシュ・フロー
　　　Ⅱ　投資活動によるキャッシュ・フロー
　　　Ⅲ　財務活動によるキャッシュ・フロー

の，3つの区分によって把握することになります。

　まず，営業活動によるキャッシュ・フローは，その会社の主たる営業活動から生ずるキャッシュ・フローをいいます。

　商品の販売などの収入から，商品の仕入れ，人件費，水道光熱費などの営業活動にかかる支出を差し引いたものです。

1 営業活動によるキャッシュ・フロー

◆営業活動によるキャッシュ・フローは，間接法

　次ページに，新宿商事のキャッシュ・フロー計算書があります。

　この計算書は，これまで見てきた貸借対照表や損益計算書と，同じ事業年度におけるキャッシュ・フローを表した計算書です。

　新宿商事の（N＋1）期における営業活動によるキャッシュ・フローをご覧いただくと，まず，はじめに，

　　　　　税引前当期純利益金額

から，スタートしていることがわかります。

　これは，新宿商事の損益計算書で計算された税引前当期純利益金額そ

キャッシュ・フロー計算書表

自　N年4月1日　至　(N+1)年3月31日

新宿商事株式会社　　　　　　　　　　　　　　　　　　　（単位：百万円）

項　　目	金　額
Ⅰ　営業活動によるキャッシュ・フロー	
1　税引前当期純利益金額	14
2　減価償却費	33
3　貸倒引当金の増加額	2
4　賞与引当金の増加額	2
5　受取利息及び配当金	△ 9
6　支払利息	39
7　受取手形の増加額	△ 45
8　売掛金の増加額	△ 60
9　棚卸資産の増加額	△ 75
10　支払手形の増加額	81
11　買掛金の増加額	12
12　開発費の増加額	△ 6
13　未払金の減少額	△ 14
14　仮払金の増加額	△ 2
15　資産売却損益	△ 11
16　小　計	△ 39
17　利息及び配当金の受取額	9
18　利息の支払額	△ 39
19　法人税等の支払額	△ 19
営業活動によるキャッシュ・フロー	△ 88
Ⅱ　投資活動によるキャッシュ・フロー	
1　減価償却資産の取得	△ 76
2　土地の取得	△ 63
3　借地権の取得	△ 4
4　有価証券の売却	45
5　関係会社株式の取得	△ 22
6　長期貸付金の増加	△ 1
投資活動によるキャッシュ・フロー	△ 121
Ⅲ　財務活動によるキャッシュ・フロー	
1　割引手形の増加	52
2　短期借入金の増加	75
3　長期借入金の増加	24
4　資本金等の増加	15
5　配当金の支払額	△ 10
財務活動によるキャッシュ・フロー	156
Ⅳ　現金及び現金同等物に係る為替差額	0
Ⅴ　現金及び現金同等物の減少額	△ 53
Ⅵ　現金及び現金同等物期首残高	143
Ⅶ　現金及び現金同等物期末残高	90

のものです。

つまり，営業活動によるキャッシュ・フローは，損益計算書で計算された税引前当期純利益金額を基準に，ここから，お金の動きにかかわる項目を調整して計算しているのです。

このように，営業活動によるキャッシュ・フローを計算することを，
　　　間接法
といいます。

具体的に見ていきましょう。

税引前当期純利益金額に対して，
　　　減価償却費
　　　貸倒引当金の増加額
　　　賞与引当金の増加額
といった項目が加えられています。

これは，貸借対照表のところで説明したように，お金の動きをともなわない費用でした。

これらの経費が増えると，もちろん利益は減少しますが，お金には何の影響も与えません。

したがって，これらの増加額は，キャッシュ・フロー計算上は，あらためて，税引前当期純利益金額にたし戻す必要があるわけです。

さらに，
　　　受取手形の増加額
　　　売掛金の増加額
　　　たな卸資産の減少額
　　　支払手形の増加額
　　　買掛金の増加額

といった項目が調整されています。

たとえば、損益計算上、売上高が10百万円計上されたとします。

そして、この売上は、すべて"掛け"による販売だったとします。

仮に、他の損益が何も計上されなかったとすると、損益計算では10百万円の利益が増えることになります。

では、お金の動きはどうなるでしょう？

この売上高は、すべて売掛金として計上されており、お金としては1円も回収されておらず、まったく増えていないことになります。

これを、キャッシュ・フロー計算書でとらえる場合には、税引前当期純利益金額からは差し引かなければなりません。

逆に、前期から繰り越された売掛金が、当期において回収された場合は、キャッシュ・フロー計算書にどういう影響を与えるでしょうか。

前期から繰り越された売掛金であれば、それが計上された売上高は、当然に、前期以前、ということになります。

つまり、当期の利益には反映されていません。

しかし、当期においてお金が回収されているのは間違いありません。

この場合には、税引前当期純利益金額に、あらためて加えておかなければなりません。

このように、間接法による場合の営業活動によるキャッシュ・フローでは、減価償却費や引当金のように、お金の動きをともなわない、

非資金取引

については、それらを除外し、

期首から期末における、

売上債権や仕入債務などの**資産・負債の増減**

については、これらを加えたり、差し引いたりすることで、キャッ

シュ・フローをとらえることとしているのです。

◆新宿商事の営業活動によるキャッシュ・フロー

新宿商事における営業活動によるキャッシュ・フローを見てみましょう。

スタートの税引前当期純利益金額は，14百万円の黒字です。

そこから，減価償却費や貸倒引当金などの非資金項目を除外し，受取手形や売掛金の増加額がマイナスされています。

ここで，ひとつ注意が必要です。

売掛金の増加額は，貸借対照表の期首から期末にかけての増加額と一致していますが，受取手形の増加額は一致していません。

なぜでしょうか。

鋭いみなさんは，もうお気づきですね。

そうです。

注記されている割引手形の分を加えて計算しているのです。

受取手形については，あくまで，総額でとらえるということです。

　　　（N＋1）期　　38百万円＋135百万円＝173百万円
　　　　N　　期　　45百万円＋ 83百万円＝128百万円
　　　差し引き　　　　　　　　　　　　　 45百万円

このように調整した新宿商事の営業活動によるキャッシュ・フローは，なんと，88百万円の大赤字です。

◆営業キャッシュ・フローのとらえ方

損益計算書の営業損益計算のところで，

　　　売上総利益金額

営業利益金額

については，必ず黒字でなければいけないと申し上げました。

　そうでなければ会社を継続していくことは難しいからです。

　それと同じくらい，いえ，それ以上に，営業活動によるキャッシュ・フローは，必ず黒字でなければいけません。

　営業活動によるキャッシュ・フローは，その会社のすべての活動の"資金源"です。

　営業活動によるキャッシュ・フローが黒字になって，はじめて会社はいろいろな戦略を立てることができるのです。

　言うまでもなく，これが赤字では大問題です。

　いくら利益が確保されたとしても，お金が不足している状態では，会社を継続していくことはできません。いわゆる，

　　　黒字倒産

にもなりかねません。

　お金が不足する原因がどこにあり，どうすれば解消するのか，早急に検討する必要があります。

　新宿商事は，そのことを認識しているのでしょうか。

2 投資活動によるキャッシュ・フロー

◆投資活動によるキャッシュ・フローとは

　つぎは，投資活動によるキャッシュ・フローです。

　ここでは，会社における投資活動，すなわち，不動産や有価証券の売却などによる収入から，固定資産の取得，子会社への投資・貸付け，不動産の購入，株式・債券の取得などによる支出を差し引いて計算します。

なお，投資活動によるキャッシュ・フローに該当する不動産や有価証券の売却収入については，それらにかかる売却損益が，すでに税引前当期純利益金額に含まれています。

そこで，営業活動によるキャッシュ・フローにおいて，いったんこれらの売却損益は除外し，あらためて，投資活動によるキャッシュ・フローの中で区分表示することになります。

◆新宿商事の投資活動によるキャッシュ・フロー

新宿商事の投資活動によるキャッシュ・フローを見てみると，大きな不動産投資をしていることがわかります。

　　　減価償却資産の取得　　　76百万円
　　　土地の取得　　　　　　　63百万円

それ以外にも，

　　　投資有価証券の取得　　　10百万円
　　　関係会社株式の取得　　　22百万円

などがあり，これらだけでも1億円をはるかに超える投資支出が発生しています。

さきほど見ていただいたように，会社の資金源である営業活動によるキャッシュ・フローは，大幅な赤字でした。

この状況で，これだけの投資はあまりにも無謀ではないでしょうか。

その一方で，

　　　有価証券の売却　　　45百万円

による収入がありますが，これではまさに，"焼け石に水"です。

結果として，新宿商事の投資活動によるキャッシュ・フローは121百万円の赤字となっています。

◆投資活動によるキャッシュ・フローのとらえ方

　たしかに，投資活動によるキャッシュ・フローは，一般的に，赤字になることが多いものです。

　会社は，事業活動を継続していくために，さまざまな投資活動を行います。

　たとえば，営業拠点として事務所を取得したり，業務の効率性を高めるために，さまざまな設備を購入したり，さらに，これらを維持していくためのコストもかかります。

　大きな設備投資がなくても，小さな投資などが，意外に経常的に発生しているものです。

　投資活動によるキャッシュ・フローがプラスになるときは，たとえば，昔から持っていた不動産を売却したり，有価証券を売却した場合などです。

　しかし，これらの収入は，経常的に発生するものではありません。

　投資活動によるキャッシュ・フローは，何もしていなくても，マイナスになることが多いのです。

3 財務活動によるキャッシュ・フロー

◆財務活動によるキャッシュ・フローとは

　営業活動によるキャッシュ・フローから，投資活動によるキャッシュ・フローまでの段階で，もし，お金が不足していれば，借入れをおこし，逆にお金が余っているようであれば，借入金の返済をする，これらが財務活動によるキャッシュ・フローとなります。

　財務活動によるキャッシュ・フローは，借入金の増加や社債の発行，増資などによる収入から，借入金の返済や社債の償還，自社株の買入れ

などによる支出を差し引いて計算します。

◆**新宿商事の財務活動によるキャッシュ・フロー**

　新宿商事は，(N+1)期において，大幅に借入金を増加していることがわかります。

　　　　短期借入金の増加　　　75百万円
　　　　長期借入金の増加　　　24百万円

となっています。

　ここで，もうひとつ注意点があります。

　営業活動によるキャッシュ・フローのところで，受取手形の金額について注意がありました。

　そうです。割引手形の取扱いです。

　貸借対照表のところで，割引手形とは，

　　　　手形を担保にした借入金

としてとらえる，このように申し上げました。

　つまり，借入金の一種ということです。

　新宿商事の財務活動によるキャッシュ・フローを見ると，

　　　　割引手形の増加　　　　52百万円

となっています。

　これらを加えると，新宿商事はこの期において，実に150百万円にものぼる借入金が増加したことになります。

　これでは，誰が考えても，資金繰りが厳しいことは，火を見るより明らかでしょう。

◆**財務活動によるキャッシュ・フローのとらえ方**

　財務活動によるキャッシュ・フローを見ることで，その会社の財務体質が，ある程度わかります。

　営業活動・投資活動と流れてきたキャッシュについて，最終的な調整役を担っているのが，財務活動によるキャッシュ・フローだからです。

　たとえば，本業が不調で，営業活動によるキャッシュ・フローが少なければ，借入れや増資によってお金を調達しなければなりません。

　また，営業活動で獲得した資金以上に，投資活動に費やしてしまった場合も，同様に財務活動によりお金を調達する必要があります。

　逆に，営業活動によるキャッシュ・フローから，投資活動によるキャッシュ・フローを差し引いた後でも多額のお金が残っていれば，借入金の返済や配当などに使うことができます。

　とりわけ，財務活動によるキャッシュ・フローについては，次のことに留意する必要があります。

- 継続して営業活動によるキャッシュ・フローの不足を賄っていないか
- 投資活動によるキャッシュ・フローを賄っている場合には，その投資の内容をチェックする
- 財務活動によるキャッシュ・フローは継続してプラス傾向にないか（借入れなどが増加していないか）

3 フリー・キャッシュ・フローとは

◆フリー・キャッシュ・フローとは

　キャッシュ・フロー計算書が，決算書と同様に重要な情報のひとつとして認識されてきたのにあわせて，

　　　フリー・キャッシュ・フロー

という言葉が，注目されるようになりました。

　このフリー・キャッシュ・フローとは，

　　会社が自由（フリー）に使えるお金（キャッシュ・フロー）

としてとらえられています。

　一般的には，営業活動によるキャッシュ・フローから，投資活動によるキャッシュ・フローを控除した残りを，フリー・キャッシュ・フローと呼んでいます。

　ただし，考え方としては，この場合の投資活動とは，あくまで現状の事業を維持するために必要最小限の投資を意味しており，戦略としての新規投資などは含まれません。

　要するに，フリー・キャッシュ・フローとは，営業活動によるキャッシュ・フローから，「その支出が避けられない出費項目」を控除した残り，すなわち，会社の経営者が意思決定をする際に，本当に自由に使えるお金，ということです。

　この「その支出が避けられない出費項目」とは，事業を維持するために最低限必要な設備投資を意味しており，具体的には本社建物や工場を維持するための設備投資，営業車両の買い替えなどが該当します。

新宿商事におけるフリー・キャッシュ・フローを見てみると，営業活動によるキャッシュ・フローがすでに大幅なマイナスとなっており，この時点でフリー・キャッシュ・フローはないことになります。

　仮に，営業活動によるキャッシュ・フローが黒字だったとして，フリー・キャッシュ・フローを考えてみると，新宿商事の投資活動によるキャッシュ・フローにある減価償却資産や関係会社株式の取得などの出費は，詳細内容は明らかではありませんが，いずれも戦略的な投資だとすれば，これらは「支出が避けられない出費項目」には該当しないため，フリー・キャッシュ・フローの計算上は考慮しないことになります。

　結果として，新宿商事のフリー・キャッシュ・フローは，営業活動によるキャッシュ・フローの金額，ということになります。

　念のため繰り返しますが，新宿商事の営業活動によるキャッシュ・フローはすでに大幅なマイナスであり，フリー・キャッシュ・フローどころの話ではありません。

◆フリー・キャッシュ・フローの使いみち

　それでは，経営者としては，このキャッシュ・フローをどう使えば，高い評価を得られるのでしょうか。

　最近では，

　　　自己株式の買取り

という言葉をよく耳にします。

　この行動は，フリー・キャッシュ・フローとして残ったお金を，効率的に株主に還元する方法として，また結果として，会社の株式の価値を高める方法として，市場からも高い評価を得ています。

　ほかにも，

将来を見据えた設備投資のため
　　　合併や買収などのM＆Aのため
　　　借入金の早期返済のため
　　　配当金の増額や特別配当のため
など，さまざまな使いみちが挙げられます。
　いずれにしても，
　　会社の財務体質の改善・強化
　　株主への還元
　　将来に向かっての新たな投資
などに区分されます。
　つまり，フリー・キャッシュ・フローとは，会社の状況を，より良くするための元手といえます。
　もし，会社がフリー・キャッシュ・フローを確保できないようでは，今後の発展はおぼつかないことになります。
　下手をすれば，発展どころか衰退してしまいます。
　今後は，会社が目標とする指標には，かならず，フリー・キャッシュ・フローという考え方が取り入れられるはずです。
　いや，すでに取り入れられていることと思います。
　会社の経営とは，いかにフリー・キャッシュ・フローを生み出し，そのフリー・キャッシュ・フローをいかに効率的，かつ有効的に使うか，ということが重要なポイントになってきます。
　まさしく，
　　キャッシュ・フロー経営
ということです。
　最近では，上場会社でさえ日々の資金繰りに追われていまような状況

ですから，なるべく手元資金を厚くしておきたいということも，無理もありません。

しかし，本来的な考え方からすると，これは異常としかいいようがありません。

手元にある資金からは，何も収益を生み出さないからです。

貸借対照表の現金勘定が大きく残っている会社は，次第に歓迎されなくなっていくでしょう。

必要以上の手元資金は，非効率的な経営と判断されてしまうからです。

みなさんにおかれましても，単に会社の損益だけにとらわれるのではなく，これからはキャッシュ・フローにも注目するようにしてください。

きっと，これまでと違った目で会社というものを見ることができると思います。

EXERCISE 練習問題

問題 キャッシュ・フロー計算書において，間接法による場合の営業活動によるキャッシュ・フローのポイントは？

....
....
....

☞解答は230ページにあります。

第6章 法人税との関係

1 会社決算と法人税の関係

さて、これまで、貸借対照表から始まり、キャッシュ・フロー計算書まで、決算書をさまざまな角度から見てきました。

みなさんは、すでに、十分に決算書を読みこなす力を身につけているはずです。

しかし、これだけで満足してはいけません。

さらに、一歩踏み込んだ決算書の読み方を覚えていただきます。

それは、本文中にも何度となく登場してきた、

　　法人税の取扱いと決算書との関係

について、です。

たしかに、法人税法の知識がなくとも、決算書を読みこなすことは可能です。

しかし、会社の決算の実務では、法人税法の存在は不可欠なのです。

法人税法をまったく無視して決算書を作成することは、実務では不可能だ、といっても過言ではありません。

そこで、これからは、決算書について、さらに掘り下げていただくために、ぜひ、法人税法との関係をご理解いただきたい、と思います。

◆法人税法の利益とは

　　〈X社〉

売上高	1,000百万円
税引後当期純利益金額	100百万円

〈Y社〉

　　　　　売上高　　　　　　　　1,000百万円
　　　　　税引後当期純利益金額　　100百万円

　この2社を，比べて見てください。
　X社，Y社の経営成績のどちらに優劣をつけますか？
　これだけでは，優劣のつけようがありません。
　幸いに，両社の法人税の申告書が手に入りました。
　そして，次のようなことが判明しました。
　X社の法人税の申告書には，
　　　減価償却超過額　　　　50百万円
　　　貸倒引当金繰入超過額　30百万円
このようなことが記載されていたのです。
　ということは，X社が，もし，法人税法の規定の範囲内で，減価償却を計算し，貸倒引当金を繰り入れていたとすれば，X社の損益は，次のようになっていたはずです。
　〈X社〉

　　　　　売上高　　　　　　　　1,000百万円
　　　　　税引後当期純利益金額　　180百万円

　なぜなら，X社の利益100百万円は，減価償却費を法人税法が定めた限度を超えて計上し，貸倒引当金を法人税法が認めた限度を超えて繰り入れた後の利益が100百万円だった，ということなのです。
　Y社よりも費用を余分に計上したにもかかわらず，同じ100百万円という利益を計上したのです。
　ですから，Y社と同じ減価償却費，貸倒引当金繰入れであったならば，X社の利益は180百万円計上されることになったはずです。

X社とY社の力の差が、法人税申告書を手にしたおかげで、はからずも露呈されてしまいました。

2 いわゆる「別表四」とは

◆「別表四」のしくみ

法人税申告書の中に、「**所得の金額の計算に関する明細書**」という様式があります。

ここには、細かい数字が、ぎっしりと並んでいます。

しかし、このフォームを、上から下まで、すべて詳細に見ていくわけではありませんので、ご安心ください。

このフォームには、長いタイトルがつけられていますが、通常は、右肩の「別表四」をとって、

　　　申告書別表四

と略して呼ばれます。

ところで、法人税は、会社の利益に対して課されます。

ただし、会社の利益そのものに対し、ストレートに課税されるのではなく、いくつかの調整を加えた後の利益が課税の対象になります。

その調整を行うのが、この**別表四**なのです。

また、法人税の申告書には、このほかいろいろな様式が添付されますが、その中でも、この別表四は、特に大事です。

法人税申告書のエッセンスは、この別表四に集約されている、といっても過言ではありません。

申告書別表四は、

　　　タテに1から48まで、

　　　ヨコに①から③まで、

別表四 平二六・四・一以後終了事業年度分

所得の金額の計算に関する明細書

事業年度　　・　・
法人名

御注意

「48」の①欄の金額は、②欄の金額に「③」欄の本書の金額を加算し、これから「※」の金額を加減算した額と符合することになりますから留意してください。

区　分		総　額 ①	処　　分	
			留　保 ②	社外流出 ③

区分		No.	総額	留保	社外流出
	当期利益又は当期欠損の額	1	円	円	配当　　　　円
					その他
加	損金経理をした法人税及び復興特別法人税（附帯税を除く。）	2			
	損金経理をした道府県民税（利子割額を除く。）及び市町村民税	3			
	損金経理をした道府県民税利子割額	4			
	損金経理をした納税充当金	5			
	損金経理をした附帯税（利子税を除く。）、加算金、延滞金（延納分を除く。）及び過怠税	6			その他
	減価償却の償却超過額	7			
	役員給与の損金不算入額	8			その他
算	交際費等の損金不算入額	9			その他
		10			
	小　計	11			
減	減価償却超過額の当期認容額	12			
	納税充当金から支出した事業税等の金額	13			
	受取配当等の益金不算入額（別表八(一)「15」又は「31」）	14			※
	外国子会社から受ける剰余金の配当等の益金不算入額（別表八(二)「13」）	15			※
	受贈益の益金不算入額	16			※
	適格現物分配に係る益金不算入額	17			※
	法人税等の中間納付額及び過誤納に係る還付金額	18			
算	所得税額等及び欠損金の繰戻しによる還付金額等	19			※
		20			
	小　計	21			外　※
	仮　計　(1)+(11)-(21)	22			外　※
	関連者等に係る支払利子等の損金不算入額（別表十七(二の二)「25」）	23			その他
	超過利子額の損金算入額（別表十七(二の三)「10」）	24	△		※　△
	仮　計　(22)から(24)までの計	25			外　※
	寄附金の損金不算入額（別表十四(二)「24」又は「40」）	26			その他
	沖縄の認定法人の所得の特別控除額（別表十(一)「9」、「12」又は「16」）	27	△		※　△
	国際戦略総合特別区域における指定特定事業法人の所得の金額の損金算入額又は益金算入額（別表十(二)「7」又は「9」）	28			※
	認定研究開発事業法人等の所得の金額の損金算入額又は益金算入額（別表十(三)「7」又は「9」）	29			※
	法人税額から控除される所得税額及び復興特別所得税額並びに復興特別法人税額からの復興特別所得税額の控除不足額（別表六(一)「6の③」＋復興特別法人税申告書別表二「6の③」）	30			その他
	税額控除の対象となる外国法人税の額（別表六(二の二)「7」）	31			その他
	組合等損失額の損金不算入額又は組合等損失超過合計額の損金算入額（別表九(二)「10」）	32			
	対外船舶運航事業者の日本船舶による収入金額の所得の金額の損金算入額又は益金算入額（別表十(五)「20」、「21」又は「23」）	33			※
	合　計　(25)+(26)+(27)±(28)+(29)+(30)+(31)+(32)±(33)	34			外　※
	契約者配当の益金算入額（別表九(一)「13」）	35			
	特定目的会社等の支払配当又は当期控除配当等の損金の配当等の損金算入額（別表十八「13」、別表十「14」、別表十(十三)「33」若しくは「33」）	36		△	
	非適格合併又は残余財産の全部分配等による移転資産等の譲渡利益額又は譲渡損失額	37			※
	差　引　計　(34)から(37)までの計	38			外　※
	欠損金又は災害損失金等の当期控除額（別表七(一)「4の計」+別表七(二)「9」若しくは「20」又は別表七(三)「5」）	39	△		※　△
	総　計　(38)+(39)	40			外　※
	新鉱床探鉱費又は海外新鉱床探鉱費の特別控除額（別表十(四)「40」）	41	△		※　△
	農業経営基盤強化準備金積立額の損金算入額（別表十二(十五)「10」）	42	△	△	
	農用地等を取得した場合の圧縮額の損金算入額（別表十二(十五)「43の2」）	43	△	△	
	関西国際空港用地整備準備金積立額の損金算入額（別表十二(十一)「15」）	44	△	△	
	中部国際空港整備準備金積立額の損金算入額（別表十二(十三)「10」）	45	△	△	
	再投資等準備金積立額の損金算入額（別表十二(十六)「12」）	46	△	△	
	残余財産の確定の日の属する事業年度に係る事業税の損金算入額	47	△	△	
	所得金額又は欠損金額	48			外　※

法 0301-0401

記入欄を設けてあります。

　とりあえず，ヨコについては，①の行だけ読んでいただければ，十分です。

　②，③は，ここでは省略してしまいましょう。

　さて，タテの欄の1は，損益計算書の当期純利益金額です。

税引後の利益である点に注意してください。

　48が，税務上の利益です。

　この利益のことを，税務上，

　　　　「所得金額」

といいます。

　そして，この金額が，**税務署へ申告している利益の額**なのです。

　税金の対象になるのは，この48の金額です。

　課税の対象になる金額であるという意味から，48の所得金額のことを

　　　　「課税所得」

とも言います。

　課税所得という言葉は，みなさんもお聞きになったことがあるのではないでしょうか。

　2から47の欄に必要な数字を記入し，1の数字に加算したり，減算したりして，48の所得金額を計算するのです。

　ちなみに，税金の金額は，法人税，住民税，事業税を合計して，48の金額の約40％くらいです。

　ぜひ，このことは覚えておいてください。

◆所得金額の計算

　会社の経費の中には，会社の決算上は経費だけれども，税金の計算上

は経費にならない，というものが，ずいぶんあります。

よくいわれる，「損に落ちない」というものです。

いちばん代表的な例が，

  引当金

です。

引当金は，税金計算上，原則として，損に落とせません。

さらには，

  交際費

  寄付金

  減価償却費

などにも，一定の限度が設けられています。

一方，このような項目とは反対に，会社の計算では利益だけれども，税金の計算では利益に計上しなくてもかまわない，というウレシイ項目もあります。

受取配当金が，その例です。

このような理由から，会社が，損益計算書のうえで計算した利益が，たとえば100百万円であったとしても，税務上の利益は，必ずしも100百万円になるとは限らないのです。

たとえば，

売上高		1,000百万円
経　費	△	900百万円
受取配当金		300百万円
利　益		400百万円

このような会社があった，とします。

経費の中には減価償却費の限度オーバー分が200百万円含まれている，とします。
　また，受取配当金については，全額が，税金の計算上，利益にならない，としましょう。
　そうしますと，税務上の利益はどうなるでしょうか？

　　　決算上の利益　　　400百万円
　　　（加算）
　　　減価償却費の
　　　　限度オーバー分　200百万円
　　　（減算）
　　　受取配当金　　　　300百万円
　　　税務上の利益　　　300百万円

　減価償却費の限度オーバー分は経費になりませんから，税務上は利益にプラスします。
　受取配当金は，マイナスです。
　このように，損益計算書の利益を，税務上の利益に変える計算書が，「別表四」なのです。

◆「別表四」と辛い決算

　辛い決算にするか，甘い決算にするか，会社の経営者であれば，だれでも，自分の会社の決算は，いついかなるときでも，好調な数字に推移していることを望んでいるはずです。
　ところが，現実はそんなに甘くありません。
　今まで，当然のように辛い決算を組んできた会社の社長が，業績が思わしくなくなったとたん，一転して，甘い決算に誘惑を感じてしまうこ

ともあるようです。

しかし、辛く固い決算を組むためのセオリーは、

　　費用はなるべく早めに

　　収益は確実なものだけを

です。

費用計上が遅ければ、それだけ、利益はたくさん捻出されます。

けれども、それは捻出されるというだけであって、いずれ近いうちにやってくる決算の時に、どっとツケとなって表れてきます。

収益とて、同じことです。

今、甘い汁を吸ってしまえば、後は苦しさだけが残ってしまいます。

法人税法にも、

　　費用はなるべく遅く

　　収益はなるべき早く

という思想が、基本的に流れています。

会社が辛い決算を組めば、法人税申告書別表四に、それが数字となって表れてきます。

みなさんが、これから先、会社の決算書を読む場合に、もし、法人税申告書別表四をあわせて見ることができれば、決算書のカラクリが、さらにはっきり見えてくることでしょう。

◆所得率で比べる

このように、会社が損益計算書によって計算した利益は、別表四によって、「所得金額」として、再計算されることになります。

そして、この所得金額は、「比較」という点からしても、非常に重要な数字となります。

なぜなら，所得金額では，会社が決算で計上した減価償却費や，引当金などの限度オーバー分がすべて修正され，どの会社についても，まったく同じ基準で利益が計算されるわけです。

　つまり，この**別表四の所得金額で比較する**のが，**いちばん公平**なのです。

　とはいっても，所得金額は，その会社の規模によって大きく異なります。

　規模の大きな会社の所得金額は，規模の小さい会社の所得金額よりも多いのは，当然です。

　そこで，

所得率

の登場です。

　所得率は，次のように計算します。

$$所得率 = \frac{所得金額}{売上高} \times 100$$

　所得率は，所得金額を売上高で割ることによって，規模が違う会社同士でも比較を可能にします。

　ご参考に，次ページに掲げた国税庁の調査による平成24年度における黒字会社の所得率をご覧ください。

平成24年度分業種別の営業収入金額，所得金額，所得率

区　　　　　分	うち利益計上法人		
	営業収入金額 (A)	所得金額 (B)	所得率 (B)／(A)
（業種別）	億円	億円	％
農 林 水 産 業	20,423	970	4.8
鉱　　　　　業	38,865	10,235	26.3
建　　設　　業	530,810	18,521	3.5
繊 維 工 業	27,601	1,063	3.8
化 学 工 業	428,431	32,185	7.5
鉄 鋼 金 属 工 業	194,321	8,364	4.3
機 械 工 業	629,043	30,565	4.9
食 料 品 製 造 業	263,207	10,063	3.8
出 版 印 刷 業	103,049	2,951	2.9
そ の 他 の 製 造 業	221,149	15,302	6.9
卸　　売　　業	1,720,277	36,571	2.1
小　　売　　業	880,751	27,574	3.1
料 理 飲 食 旅 館 業	97,847	4,069	4.2
金 融 保 険 業	613,865	43,976	7.2
不 動 産 業	209,582	20,100	9.6
運 輸 通 信 公 益 事 業	507,129	35,919	7.1
サ ー ビ ス 業	968,882	57,002	5.9
小　　　　　計	7,455,231	355,430	4.8
連 結 法 人	2,725,928	52,206	1.9
合　　　　　計	10,181,159	407,636	4.0

（国税庁ホームページより）

EXERCISE
総合問題

貸 借 対 照 表

（N＋1）年3月31日現在

株式会社ＡＢＣ不動産　　　　　　　　　　　　（単位：百万円）

資　産　の　部	N＋1	負　債　の　部	N＋1
Ⅰ　流　動　資　産	(6,086)	Ⅰ　流　動　負　債	(5,093)
現　金　預　金	1,847	仕　入　負　債	563
売　上　債　権	592	短　期　借　入　金	3,197
商　　　　　品	1,989	未　払　金　等	1,333
有　価　証　券	439		
その他流動資産	1,219		
Ⅱ　固　定　資　産	(9,642)	Ⅱ　固　定　負　債	(8,493)
		社　　　　　債	715
1.有形固定資産	(8,173)	長　期　借　入　金	7,778
建　　　　　物	4,309		
機　械　装　置	44	負　債　合　計	13,586
器　具　備　品　等	177	Ⅰ　株　主　資　本	
土　　　　　地	3,556		(550)
建　設　仮　勘　定	87	1.資　　本　　金	
			(175)
2.無形固定資産	(184)	2.資　本　剰　余　金	
			(1,449)
3.投資その他の資産	(1,285)	3.利　益　剰　余　金	
Ⅲ　繰　延　資　産	(32)		
開　発　費	32		
		純　資　産　合　計	2,174
資　産　合　計	15,760	負債・純資産合計	15,760

（注）割引手形　　　　　35

損益計算書

自 N年4月1日 至 (N+1)年3月31日

株式会社ＡＢＣ不動産　　　　　　　　　　（単位：百万円）

Ⅰ	売上高		7,007
Ⅱ	売上原価		3,336
	売上総利益金額		3,671
Ⅲ	販売費及び一般管理費		3,257
	営業利益金額		414
Ⅳ	営業外収益		
	受取利息	30	
	雑収入	205	235
Ⅴ	営業外費用		
	支払利息	210	
	雑損失	68	278
	経常利益金額		371
Ⅵ	特別利益		137
Ⅶ	特別損失		147
	税引前当期純利益金額		361
	法人税,住民税及び事業税		159
	当期純利益金額		202

問題 株式会社ＡＢＣ不動産の（N+1）期にかかる貸借対照表および損益計算書に関して，次の経営指標を計算しなさい（算出式も記入のこと。小数点2位以下を四捨五入）。

(1) 売上債権（割引手形を含む）の回収日数

　　　　　　　　　　　　　　　　　　　　　　日

(2) 在庫日数

　　　　　　　　　　　　　　　　　　　　　　日

(3) 借入金依存度

　　　　　　　　　　　　　　　　　　　　　　　　　　　　 _____ ％

(4) 株主資本比率

　　　　　　　　　　　　　　　　　　　　　　　　　　　　 _____ ％

(5) 売上総利益率

　　　　　　　　　　　　　　　　　　　　　　　　　　　　 _____ ％

(6) 経費率

　　　　　　　　　　　　　　　　　　　　　　　　　　　　 _____ ％

(7) 営業利益率

　　　　　　　　　　　　　　　　　　　　　　　　　　　　 _____ ％

(8) 正味支払金利・金利負担率

　　正味支払金利　　　　　　　　　　　　　　 _____ 百万円

　　金利負担率　　　　　　　　　　　　　　　　 _____ ％

☞解答は230・231ページにあります。

おわりに

　みなさん，お疲れさまでした。

　これで，決算書の見方・読み方はおしまいです。

　みなさんのお仕事にとって，決算書を読むということは，絶対に，欠かすことができないことです。

　本書では，決算書における基本的，かつ，重要なポイントについて，できるかぎり，わかりやすくまとめたつもりです。

　この本と出会ったことによって，みなさんのお仕事に，すこしでもプラスになることができたら，幸いです。

　これからも，この本で得た知識をお仕事にいかして，みなさんがもっともっと活躍されることを，心から祈っております。

練習問題解答

- 39・40ページ

問題1

（資産の部）
- I　流動資産
- II　固定資産
  1. 有形固定資産
  2. 無形固定資産
  3. 投資その他の資産
- III　繰延資産

（負債の部）
- I　流動負債
- II　固定負債

（純資産の部）
- I　株主資本
  1. 資本金
  2. 資本剰余金
  3. 利益剰余金

問題2

- I　売上高
- II　売上原価
     　　売上総利益金額
- III　販売費及び一般管理費
     　　営業利益金額
- IV　営業外収益
- V　営業外費用
     　　経常利益金額
- VI　特別利益
- VII　特別損失
     　　税引前純利益金額
     　　法人税，住民税及び事業税
     　　当期純利益金額

- 75ページ

問題1
① 1年基準
② 営業循環基準

問題2　手形遡及義務

問題3　$5{,}000万円 \div \dfrac{5億円}{365日} = 36.5日$

問題4　売上債権などの貸倒れに備えるため，債権が発生した年度において，あらかじめ一定の貸倒れ見込金額を費用に計上しておき，実際に貸倒れが発生した年度に損失を計上しないため。

問題5　$3{,}000万円 \div \dfrac{2億円}{365日} = 54.8日$

- 99ページ

問題1　耐用年数

問題2　法人税法が定めた限度額を超えて減価償却費を計上すること。

問題3　路線価を0.8で割り戻す（または，1.25倍する）。

問題4　一方の会社の"総株主の議決権"の過半数を持っている会社が親会社で，持たれている会社が子会社。

問題5　300万円－100万円＝200万円　200万円の含み益

問題6　① 株式交付費
　　　　② 社債発行費
　　　　③ 創立費
　　　　④ 開業費
　　　　⑤ 開発費

- 119ページ

問題1　$\dfrac{100百万円 + 50百万円 + 20百万円}{500百万円} \times 100 = 34\%$

問題2　長期借入金。設備投資資金を回収するまでに相当な時間がかかってしまい，短期借入金では返済に無理が生じるため。

- 132ページ

問題1　剰余金処分により配当をする場合，その10分の1を，法定準備金（資本準備金および利益準備金）が資本金の4分の1に達するまで，利益準備金として積み立てなければならない。

問題2　負債の合計額が，資産の合計額を上回っている状態。純資産合計が，マイナスになっている状態。

- 171・172ページ

問題1　仕入とは，実際に商品などを仕入れた金額のことをいい，売上原価とは，あくまで売上高に貢献した原価部分の金額のことをいう。

問題2　① 先入先出法
　　　② 総平均法
　　　③ 最終仕入原価法

問題3　"損に落ちない"とは，法人税法の世界の言葉で，会社が経費として計上したものであっても，法人税法上は，経費（＝損金）とは認められないこと。たとえば，交際費や寄付金などが該当する。

問題4　正味支払金利　＝　15百万円－3百万円＝12百万円

　　　金利負担率　$= \dfrac{12百万円}{30百万円} \times 100 = 40\%$

問題5　法人税，住民税，事業税

- 194ページ

$$配\ 当\ 率 = \dfrac{配当金}{資本金} \times 100 = \dfrac{10百万円}{100百万円} \times 100 = 10.0\%$$

$$配当性向 = \dfrac{配当金}{当期純利益} \times 100 = \dfrac{10百万円}{30百万円} \times 100 = 33.3\%$$

- 212ページ

　　減価償却費や引当金のような"非資金取引"を除外し，売上債権や仕入債務などの"資産・負債の増減"を調整する。

- 224ページ

　　(1) 売上債権（割引手形を含む）の回収日数

$$\dfrac{592百万円}{7,007百万円 \div 365日} = 30.8日$$

(2) 在庫日数

$$\frac{1,989百万円}{3,336百万円 \div 365日} = 217.6日$$

(3) 借入金依存度

$$\frac{3,197百万円 + 715百万円 + 7,778百万円}{15,760百万円} \times 100 = 74.2\%$$

(4) 株主資本比率

$$\frac{2,174百万円}{15,760百万円} \times 100 = 13.8\%$$

(5) 売上総利益率

$$\frac{3,671百万円}{7,007百万円} \times 100 = 52.4\%$$

(6) 経費率

$$\frac{3,257百万円}{7,007百万円} \times 100 = 46.5\%$$

(7) 営業利益率

$$\frac{414百万円}{7,007百万円} \times 100 = 5.9\%$$

(8) 正味支払金利・金利負担率

正味支払金利　210百万円 − 30百万円 = 180百万円

金利負担率

$$\frac{180百万円}{414百万円} \times 100 = 43.5\%$$

―――― 著者略歴 ――――

酒井 啓二（さかい・けいじ）
1968年生まれ。1991年明治大学商学部商学科卒業。1996年税理士登録。現在、辻・本郷税理士法人　執行理事。
著書：『特に，金融マンのための資金繰りの手ほどき』（共著，ビジネス教育出版社），『決算書入門の入門』（共著，税務研究会出版局）他多数。

［融資力］トレーニングブック
決算書の見方・読み方

2010年2月10日　初版第1刷発行
2015年1月30日　初版第2刷発行

〔検印廃止〕　著　者　酒　井　啓　二
　　　　　　　発行者　酒　井　敬　男

発行所　株式会社 ビジネス教育出版社

〒102-0074　東京都千代田区九段南4-7-13
☎03(3221)5361(代表)　FAX：03(3222)7878
E-mail info@bks.co.jp　http://www.bks.co.jp

© Keiji Sakai 2010 Printed in Japan
落丁・乱丁はお取り替えします。
印刷・製本／㈱オルツ
ISBN978-4-8283-0315-4

本書のコピー，スキャン，デジタル化等の無断複写は，著作権法上での例外を除き禁じられています。購入者以外の第三者による本書のいかなる電子複製も一切認められておりません。